歐陽文忠公遺跡與祠祀續集

歐陽禮編著

文史哲出版社印行

國家圖書館出版品預行編目資料

歐陽文忠公遺跡與祠祀續集 / 歐陽禮編著.
-- 初版. -- 臺北市：文史哲, 民 96.09
頁： 公分
ISBN 978-957-549-739-2 (平裝)

782.8515 96017229

歐陽文忠公遺跡與祠祀續集

編著者：歐 陽 禮
出版者：文 史 哲 出 版 社
http://www.lapen.com.tw
登記證字號：行政院新聞局版臺業字五三三七號
發行人：彭 正 雄
發行所：文 史 哲 出 版 社
印刷者：文 史 哲 出 版 社
臺北市羅斯福路一段七十二巷四號
郵政劃撥帳號：一六一八〇一七五
電話886-2-23511028 ・ 傳真886-2-23965656

實價新臺幣三〇〇元

中華民國九十六年（2007）九月初版

ISBN 978-957-549-739-2

李元簇先生賜序

華耕先生惠鑒兩次
大函均經奉悉
囑為
大著寫序或題詞一節因書已
出版故未能應
命尚希
亮察惟仍另紙畧書所感藉表
微忱

易發尤先生來函為梧桐山「近
年來蓋多開發已具相當規模」
「徵集詩文書畫刻石傳世」一節
因不悉該山之情況及其開發建
設之性質且孫亦不擅長詩文書
畫便中請代婉謝
崇安敬覆並候
時祺
李大孫拜啟 八六、月廿日

宋歐陽文忠公為我國歷史上傑
出之文学家史学家與政治家文
学方面主張實用重視内容反
對浮靡空泛散文獨具一格自成
一家為北宋古文運動領袖在
我國文学史上享有崇高之聲
譽史学方面与宋祁合著新唐書
復獨力編纂新五代史兩書均為

史学名著對舊唐書舊五代史多所損益並列正史極具價值政治方面為官清正行事剛勁耿直敢言其關懷人民開明改革之作風對北宋政治影響至深尤足為後世法蘇軾在六一居士集序中謂其「論大道似韓愈論事似陸贄記事似司馬遷」洵屬的論

莘耕先生為文忠公裔孫數載之力搜集與其有關之史料並親訪相關史跡編撰成「歐陽文忠公遺跡與祠祀」一書內容豐富翔實拜讀一過深佩其不忘先人德業之孝思欣逢本書再版謹述數語以誌景佩

李元簇

續編前言

拙著歐陽文忠公遺跡與祠祀，自民國八十五年元月問世，光陰荏冉時匝十載，大陸自開放以來，爲宏揚中華文化，爭取觀光資源，重視古跡文物維護，南北經濟發展情形不同，而各縣市對古跡維護重建，逐次完成，有關地方文物書刊，亦先後付梓問世。

文忠公於宋眞宗景德四年（一〇〇七年）六月廿一日寅時，誕生於綿州（四川綿陽市），今年（二〇〇七年）爲千歲誕辰，乃蒐集各縣市文物新猷，編撰續集，以紀念一代文宗生平事跡。

本續集付梓前，荷蒙

李元簇先生賜序

江西省吉安市師專劉德清教授惠贈歐陽修傳。

安徽省合肥市管笛先生惠贈醉翁亭記研究。

江蘇省揚州市文史委員會許鳳儀先生惠贈「揚州大明寺記」及揚州新猷攝影與揚州日報。

安徽省滁州地方志編纂委員吳勝凰惠贈「琅琊山志」及滁州醉翁亭新猷攝影。

安徽省阜陽市文史委主任張新宇先生來台旅遊專訪贈「阜陽歷史文化集錦」及「歐陽修在潁州」，及「會老堂」新建攝影。

湖北省隨州市文史委李虎先生函告文忠公遺跡，市府已列入計劃重建。

湖北省老河市文史委冉從安先生函告歐陽文忠公書院已列入規劃，將分階段寔施，附寄「歐陽修在老河口文在報刊發佈」。

山東省青州市對台辦公室主任張本啓先生寄來青州文物誌。

河南省新鄭市文物管理局靳寶琴薛文燦，寄來「歐陽修陵園」全部照片及河南省新鄭市文物志，在陵園竣工後，平江歐陽文中將自北京專程祭拜攝影。

江西省吉安市井岡山報社長周振清寄來「廬陵風情——晨晴集」。

江西省永豐縣歐陽修紀念館館長歐陽勇函告文忠公一千歲誕辰永豐縣籌辦情形。及文忠公故里沙溪西陽宮「畫荻遺徽」坊重建。

湖北宜昌市文物事業局李煜林先生函告宜昌市（夷陵）遺迹近況。

河南開封市台灣事務辦公室張錫鳳主任函告「包歐二賢祠」近況。

安徽省阜陽市歐陽修誕辰一〇〇〇週年紀年活動籌委會陸志成先生函告活動方案。

河南沈邱文忠公三十六世孫歐陽光河南沈邱歐陽氏續譜序言。

謹此一一致謝

文忠公墨寶滙斆彙自台北故宮月刊

莘耕　歐陽禮謹誌

民國九十六年七月一日于台北市

歐陽文忠公遺跡與祠祀續編　目錄

一、綿陽的六一堂

續附圖一　綿陽市政協主席邱文德先生假綿州大陸酒店歡宴

續附圖二　六一堂前留影

續附圖三　文忠公塑像前留影

續附圖四　題復興民族統一中華留念

歐陽修在老河口

續附圖五　歐陽修曾登臨的馬頭，已更名百花山，現爲國家森林公園

續附圖六　復文書院石碑現存百花山

滁州醉翁亭與豐樂亭

續附圖七　歐陽修紀念館

續附圖八　歐陽公館

續附圖九　歐陽公館內部陳設

續附圖十　豐樂亭外景

續附圖十一　豐樂亭大門

續附圖十三　保豐堂

續附圖十二　豐樂亭

續附圖十四　危樓

續附圖十五　醉心亭

續附圖十六

吳騰凰先生的紀念文忠公千歲誕辰　訪醉翁　徐有森書

續附圖十七　西園全景

續附圖十八　康熙御碑亭及題詩

續附圖十八
乾隆御碑亭及題詩

續附圖十九　天下第五泉

續附圖二十
瓊花觀牌樓

續附圖廿一
瓊花觀三清殿

續附圖廿二
無雙亭

續附圖廿四　瓊花台

續附圖廿六　瓊花——楊州市花

潁州的「西湖書院」及「會老堂」
附圖廿三、廿四

阜阳生态园

續附圖廿五
阜陽生態園

阜阳生态园会老堂绿化效果图
会老堂古建筑群是颍州西湖历史文化遗产的核心与精华。修复后的会老堂将纳入阜阳生态园，以增加阜阳生态园人文景观，提高生态园文化品味。开发利用好这一文物资源，建设无愧先人和后人的特色人文景观，扩大颍泉影响，提高颍泉知名度，进一步促进我区三个文明建设的协调发展。

續附圖廿四、廿六
阜陽生態圖會老堂綠化效果園

續附圖廿七　與張新宇先生與阜陽市文史主任訪台晤談合影

續附圖廿八　阜陽生態園大門，文忠公後裔與張新宇先生等合影

續附圖廿九　會老堂大門

續附圖卅　中院

續附圖卅一　文忠公銅像

續附圖卅二　趙槪銅像

續附圖卅二　會老堂大廳陳設中堂爲張新寧題詩，顧祖英書法。
「六一居士文忠公　早退居潁樂如松
千年誕辰舉盛會　歐陽文化萬年青」

續附圖卅三　一九九〇年九月一日訪問
河南新鄭縣政協解說歐陽氏族譜

至歐陽寺村祭拜文忠公輯影

續附圖卅四　文忠公墓園正廳全景

續附圖卅五　新鄭文物保管所薛所長介紹村長及族人晤面

續附圖卅六　與歐陽寺村族人合影

續附圖卅七　歐陽文忠公夫人牌位及祭品

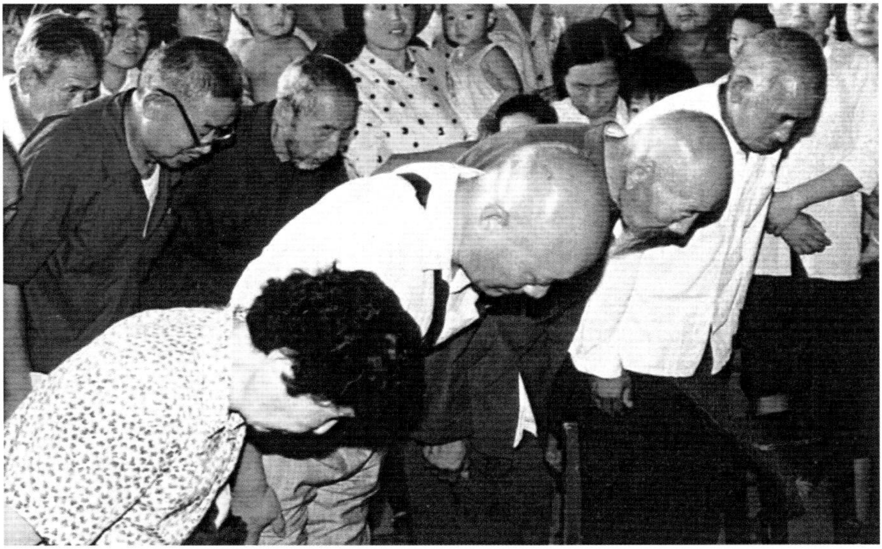

續附圖卅八　全體族人致祭

續附圖卅九　代表全體族人上香

續附圖四十　族人肅立致敬

續附圖四十一　與村長歐陽永乾及族長詳談族譜世系

文忠公陵園全景

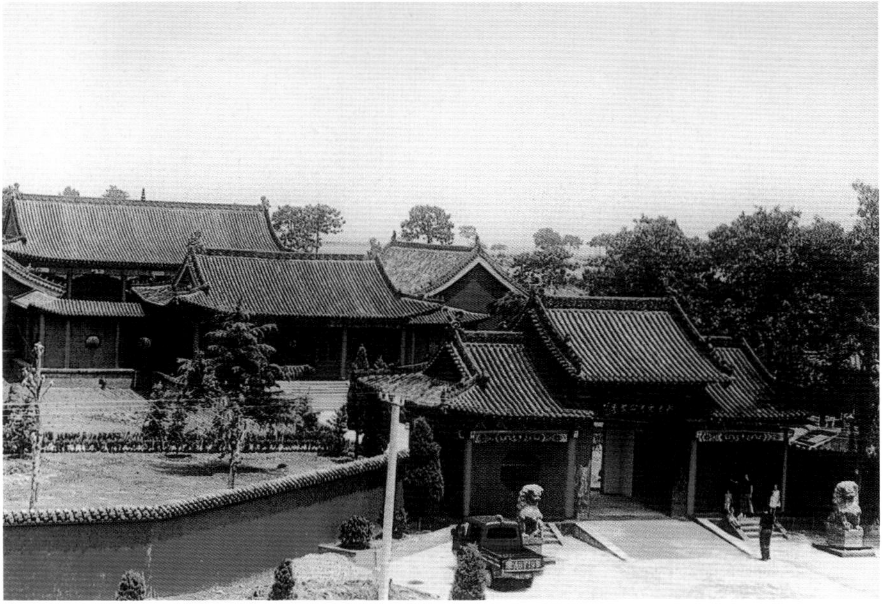

續附圖四十二　大門

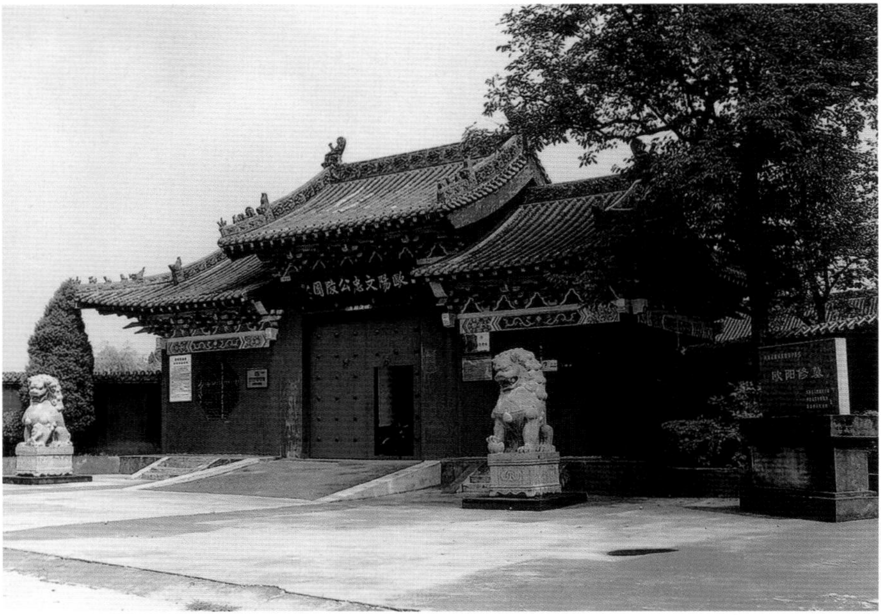

續附圖四十三　中殿

續附圖四十三　中殺

續附圖四十四　宋大師歐陽文忠公之墓

續附圖四十四　大殿

續附圖四十五　一代文宗塑像
平江歐陽文中將于二〇〇二年十月八日拜祭留影

殿內圖片

續附圖四十六

續附圖四十七

續附圖四十八

續附圖四十九

續附圖五十
陵園西廂房

續附圖五十一
生平簡介

續附圖五十二
園中建有兩亭：
左爲醉翁亭，右爲至喜亭

墓園概況

文忠公墓與夫人薛氏墓在東西並排
（續附圖五十三、五十四）

續附圖五十五　歐陽發公墓

續附圖五十六　歐陽奕公墓

續附圖五十七　歐陽棐公墓

續附圖五十八　歐陽辯公墓

江西故里
吉安市永叔路新貌
續附圖五十九、六十

續附圖六十一、六十二　唐安福令歐陽萬公墓

續附圖五十九、六十

江西永豐縣二〇〇七年賀年卡女

續附圖六十一江西永豐

畫荻遺徽

一、綿陽的六一堂（續前）

民國八十九年（公元二〇〇〇年）訪問四川省黃埔同學會，由會長張修忠同學專程至綿陽市拜謁南湖六一堂，正午由綿陽市政協主席邱文德先生假綿州大酒店歡宴。午後偕同綿陽市黃埔同學代表拜謁六一堂並在文忠公塑像前致敬，並題「復興民族統一中華」留念（如續附圖一、二、三、四），南湖公園除原有設施外，並興建醉翁亭諸景點，今後將發展爲綿陽觀光聖地。

二、隨州白雲樓（續前）

據二〇〇六年十月十三日湖北省隨州市政協文史委李虎先生函告：

歐陽文忠公與隨州淵源極深，隨州人歷來以此爲榮，明朝所建白雲書院僅見州誌記載，蓋因連年戰亂，民國初期已無跡可尋，至開放前夕，州人已少有能指認其舊址者，既開放，政府屢興重建之念，因故未能付諸實施。今春市政府計劃擴建神農公園（以夜光池舊址爲中心）方案，徵詢公衆意見，據說擬重建歐陽修讀書台或白雲書院，以紀念歐陽文忠公，並激發後人勤奮向學，但尚未定奪耳，然既已列入規劃，想數年之後，當會重現舊景，此亦兩岸共同心願。

三、廬陵事業起夷陵（續前）

三娶薛夫人相夫教子為文忠公立德立功立言三不朽。

仁宗景祐四年（公元一〇三七年）陽春三月請假至許昌，三娶薛奎第四女為續室。

按文忠公年二十餘歲（仁宗天聖六年，公元一〇二八年）攜文赴漢陽謁見翰林學士胥偃，胥公一見而奇之曰：「子當以有名於世。」因留至門下，偕至京師，為之稱譽於諸公，天聖八年文忠公以廣文館士舉，中甲科，九年胥公遂娶以女，時文忠公任西京洛陽留守錢惟演推官，後二年三月（仁宗明道二年（公元一〇三三年）三月胥氏生子未逾月以疾卒，享年十七，文忠公悲痛之際，寫下「述夢賦」，其生子後五年亦卒。

仁宗景祐元年（公元一〇三四年）閏六月再娶諫議大夫楊大雅之女為繼室，次年（景祐二年公元一〇三五年）九月以疾卒，享年十八。

早在景祐元年（一〇三四年）薛奎因病辭去參知政事，見文忠公已喪故胥氏夫人，有心將女兒許配，一方面因文忠公以非門當戶對相推辭，另一方面因為薛奎同年溘然去世，所以這場婚事沒有成功。三年後，薛奎遺孀金城夫人趙氏遵照丈夫遺願，在許昌將女兒嫁給文忠公。

九月，薛夫人隨文忠公返回夷陵，薛夫人時年二十歲，她通詩書、知禮儀，也懂音樂，善彈琴，為人精明清正，處事機智敏捷，有乃父遺風。數十年間，她幫助文忠公料理家務，使文忠公無後顧之憂，得以盡心國事，是文忠公名副其實的賢內助。

有了薛夫人，文忠公的私生活嚴肅多了。仁宗至和二年（公元一〇五五年），七月乙未文忠公爲王旦撰神道碑銘，孝子王素贈送金制酒杯十副，酒壺兩把作爲潤筆費，文忠公推辭不受，開玩笑說：「我家裏缺乏棒端這麼貴重酒具的美女」，王素信以爲眞，立即派人在京師用重金買來兩位侍女，一同獻給文忠公。文忠公最後其是接受器皿，辭退美女，說：「我當初只是開玩笑罷了。」王素後來打聽到，薛夫人治家謹嚴，不允許文忠公那樣做。

四、乾德縣文忠公書院（今湖北省老河口市）（續前）

據二〇〇六年九月十一日湖北省老河口市政協文史委員會主任冉從安先生函告：

修復「歐陽文忠公書院」之事，已列入我市「十一五」發展規劃，將分步，分階段實施，待該項公程啓動之時，一定告知您，並請參加儀式。

附二〇〇六年九月八日漢江都市載劉斌撰歐陽修在老河口

歐陽修在老河口摘錄

劉斌撰

載二〇〇六年九月八日漢江都市文化欄

一、連年乾旱，受命危難

寶元元年（一〇三八年）三月，春寒料峭，歐陽修從夷陵翻山越嶺來到乾德（今老河口市）。初到首見旱象，自去秋以來，乾德百里無雨，秋旱連春旱，苗木枯槁，「民被其災者數千家，饑民食糟麥為命」。面對旱象，引堰灌苗，祭五龍祈雨，求百姓安康，非常幸運，不久天降甘霖，為感謝神賜之恩，親率群衆敲鑼打鼓赴武當山拜祀，這便是縣誌所記載的「朝爺鑼鼓」。在老河口民間，還流傳著傳說，歐陽修在乾德任內，多次出訪鄉里，體恤民情，某日，往北鄉某崗，忽見一老者，衣衫襤褸，蓬首垢面，見修說：「朽候多日，求茅舍遊風寒，施銀兩苟殘年」。修憐其貧苦，遂允。而老者不見，化一黃蟒，口吐清泉，澤惠一方。

同年夏，乾德又連日多雨，漢江水猛漲，在「居士集」二四卷載：「漢水東至乾德，匯而南，民居其沖，水悍暴兩岸善崩」，但百姓安然，其原因：宋眞宗咸平年間光化知軍李仲蘇修建的石堤發揮重要作用，歐陽修十分贊賞李仲蘇的政績，當即作「尚書屯田員外即李君墓表」，彰其功德於後世。

十月西北賞項人元昊起兵，號大夏，稱皇帝，朝廷匆忙之中，四處濫徵鄉兵，以至民怨沸騰，襄城縣令梅堯及時著「汝墳貧女」詩，記述當時慘景。在老河口，歐陽修目睹，體驗百姓生活的艱難，「休耕作之不易，察百姓之艱辛，感朝之冗員，知稅役之沉重。」

二、訪賢問能，吟詩言志

在歐陽修眼裡，「乾德」「地僻而陋，官屬無雅士，民間罕有學者，亦不足與談論」。也可能是這個原因。在乾德期間，他只留下詩文二十多篇。主要有「離峽州後回寄元珍表臣」，「題光化張氏園亭」，「秋日與諸君馬頭山登高」，「南獠」，「祭五龍祈雨文」等，但這成為記錄老河口歷史的不朽詩文。

歐陽修到任之初，給遠在夷陵的好友丁元珍回詩：「多年遷謫厭荊蠻，惟有江山興來闌，醉里人歸青草渡，夢中船武牙灘，野花零落風前亂，飛雨蕭條江山寒，荻笋時魚方有味，恨未佳客共杯盤。」在洛陽，歐陽修與尹洙，梅堯及唱和為師，在夷陵，有知州建寓所，元珍陪遊的愜意，到了乾德，未免落寞，只能感慨漢水的魚好，卻沒有客人來此共享。

到任之前，歐陽修曾對丁元珍說：「荊楚先賢多勝迹，不辭攜酒問鄰翁」（夷陵歲暮書事呈元珍表臣），他到任後便四處訪賢問能，時鄉里「皆曰有三人焉」。三人學問出處，未嘗一日不同，其忠信篤於朋友，孝悌稱於宗族，「禮義達於鄉閭」，由此「乾德之人初未識學者，見此三人，皆尊禮而愛親之」。這三人即張士遜、戴國忠，歐慶。後來，三人都攷取進士。張士遜最後官拜禮部尙書，同乎章事（即宰相）。戴國忠也官至尙書屯田郎中，而歐慶不知何故，「獨黜於有司」，一直到二十年後，歐慶才得以爲州縣吏。前來巡視的官員大多是張士遜的故舊。但歐慶絕口不提前事爲自己謀利，爲官廉而清貧，而對於「宗族孤幼者皆養於家」。歐陽修對此事推人及己，十分感慨：「雖乾德之人稱三人者，亦不以貴賤爲異，則其幸不幸，豈足爲三人者道哉！然而達者昭顯於一時，而窮者泯沒於無述，則爲善者何以勸，而後世之來者何以考德其先」？

受先賢勉勵，這年重陽，歐陽修登上府第鄰近的馬頭山（今老河口市百花山），賦詩云：「晴原霜後若榴紅，佳節登臨興來窮，日泛花光權露際，酒浮山色人樽中，金壺恣洒毫端墨，玉麈交揮席上風，惟有淵明偏好飲，籃輿銘酊一哀翁」。歐陽修把酒對江山，激揚文字，躊躇滿志，笑談，「采菊東籬下，悠然見南山」的陶淵明，是一位只知喝酒的老翁，歐陽修年長後，對年輕時的所作所爲回顧道：「三十年前，尙好文章，嗜酒縱飲，知以爲樂，而不知其非也。」

寶元二年四月，歐陽修表叔謝絳守鄧州，摯友謝絳之妹夫梅堯臣宰襄城，遂約謝同往，留旬月方還，據史料記載，梅堯臣受到任用，歐陽修自然十分欣慰，甚至從中看到自己的前途。

二、謹於治學，接受歷練

歐陽修愛乾德百姓，愛乾德山水，也愛在乾德治學，儘管在乾德時間只一年有餘，但乾德的一切，在思想上，事業上，文學上打下了深深的烙痕，除了訪賢問才外，他還到鄰近州縣訪友，消遣酬唱。好友黃注任南陽主簿，而邀會於鄧州：「漢水一隔兩縣令，常聚對月話詩心，歐陽修大名越時空（夫子廟碑）傳至今。」歐陽修與谷城縣令狄栗甚好，常聚賦詩飲酒。此外，他赴襄陽遊歷，見證荊襄風情，寫下「和韓學士襄州聞喜亭置酒」，樂哉襄陽人送劉太尉從廣赴襄陽」等詩篇。

在乾德，歐陽修典禮治學，興建歐陽文忠書院，主張文以明道，反對「棄百事不關于心」（答吳充秀才書），主張文以致用，反對「舍近取遠」（與張秀才第二書），強調文道結合。可惜，書院不久毀於水災（老河口市志）載：「建於宋代後遭水倒塌。」宋熙寧元年（一〇六八年），書院重建，世稱：「光化黌學」，至清光緒年間多次更修，建築有石牌坊，登雲橋、洋池、大成殿、名宦鄉賢祠，明倫堂等二十餘處，後來建築毀於兵火、天災、現僅存大成門，明倫堂。

雖困於貶謫，鑽研經史，著書立論，創作詩詞，從未棄置，任乾德縣令期間，他堅持著書立說，著有「居士集」，「集古錄」等，他在縣內尋得南鄉太守碑，如獲至寶。按「晉書、地理志」。當魏末荊州分屬三國，而南鄉，南陽皆屬魏，後晉武改南鄉爲順陽（晉志）只說南鄉魏時屬荊州，武帝平吳，改爲順陽郡，而沒有記載順陽治所，興廢，屬縣之名。歐陽修據此碑改證，南鄉郡屬縣有武陵、築陽、丹水、陽城、順陽、柝大縣、治所即陽城鎮。

歐陽修一生坎坷，但他始終勤於政事，謹於治學，著書一五三卷，專著有「新唐書」、「新五代史」、「六一詩話」，得朝廷信賴。在他調移光化軍乾德縣令時，仁宗專門敕諭解釋：歐陽修受貶因

「偶弗愼於言階，乃自貽於官譴」，爲「余方甄錄，爾尚勉勤」，仁宗甚至還對侍臣說：「如歐陽修者，何處得來？拜爲知制。」

正是由於他的一生勤勉，寶元二年（一〇三九年）六月，歐陽修復職權武成軍（今河南滑縣）節度判官庭公事，後歷任集賢校理，龍圖閣直學士，河北都轉運使，樞密副使，參政知事等，權重朝野，也正是由于他的一生勤勉，才享有「廬陵蓄道德能文章」之盛譽，學識、文章、品德，爲世人所效法與景仰，宋熙寧五年，歐陽修逝世，乾德百姓捐建歐陽文忠公祠，紀念其在老河口的功德。

五、河南滑縣的畫舫齋（續前）

1.開前岳丈胥公噩耗

文忠公於宋康定元年（一〇四〇年）至慶曆二年（一〇四二年）先後任武成軍節度判官及滑州通判，斯時胥偃在京師病逝，從謝絳那裏得知這個噩耗，胥偃自從天聖六年（一〇二八年）返京以後，先後擔任尚書刑部員外郎，知制誥，工部郎中，翰林學士，權智開封府等職務。景祐三年（一〇三六年）胥偃出任糾察刑獄。當時，開封知府范仲淹上任伊始，爲了整肅京師治，范沖淹不拘公牘，大刀闊斧地工作，京師肅然稱治。但是，胥偃幾次上書，控告范仲淹判案斷獄不遵法度，隨心所欲，又愛標新立異，譁衆取寵，文忠公支持范仲淹，翁壻之間從此有了嫌隙。

文忠公終生不忘胥偃對自己的提攜獎掖，然而，他堅持原則，以德報恩，不願損公徇私，不願在政治上輕易讓步。獲悉岳父訃聞後，他給胥偃內兄刁約寫過一封信，傾吐自己的哀曲，在這封「與刁景純學士書」當中，說道：

「近自罷乾德，遂居南陽，始見謝舍人，知丈丈內翰凶訃，聞問驚愴，不能已已。……某自束髮爲學，初未有一知者，及首登門，便被憐獎，開端誘導，勤勤不已，至其相若有成而後止，雖其後遊於諸公，而獲齒多士，雖有知者，皆莫之先也。然自念不欲效世俗子，一遭人之顧己，不以至公相期，反趨走門下。脅肩諂笑，甚者獻讒諛而備使令，以卑昵自親，名曰報德，非惟自私，直亦待所知以不厚，是故懼此，惟欲少勵名節，庶不泯然無聞，用以不負所知爾，某之愚誠，所守如此，然雖胥公，亦未必諒某此心也。……」註：按內朝胥偃以寶元二年八月卒，此書乃當時所作，既與刁君，不應稱丈丈，若與胥氏子，又不應稱，胥公，當考。

岳丈胥偃大半生坎坷蹇滯，近幾年才仕進亨通，如今距離朝廷要津，只在咫尺之間，卻不幸染病棄世，文忠公澤感痛惜，在岳父生前。文忠公不願像凡夫俗子那樣，恂情報恩，一心嚮往看砥瀾名節，建功立業；報答胥公知遇之德。令人悲嘆的是，恐怕胥公也未必能夠體諒自己的衷情！

2. 為王彥章立死節傳

慶曆三年（一〇四三年）正月，文忠公路過「鐵槍寺」，瞻仰王彥章畫像。所謂「鐵槍寺」，是百年前五代後梁名將王彥章的祠廟，王彥章，字子明，從小追隨梁太祖朱溫，驍勇有力，善於使用一桿長槍，在戰場上馳突如飛，所向披靡，軍中號稱「王鐵槍」，王彥章曾經因戰功升任宣義軍（治所在滑州）節度使，在梁晉戰役中，兵敗被俘，拒絕投降，以身殉國，滑州民衆建「鐵槍寺」，供奉王彥章畫像，香火祭祀不斷。

三年前，文忠公以節度判官來守滑州，從王彥章裔孫家裏獲讀「王氏家傳」，補正「舊五代史」本傳記事。如今見到王彥章畫像，目睹一代名將風采，非常高興，鑒於畫像年久磨損，模糊不清，文忠公延請畫工修復，以求畫像留人間。後來，文忠公編纂史著「新五代史」選列王彥章等三人載入「死節傳」。在兵荒馬亂的五代時期，文臣武將朝秦暮楚，寡廉鮮耻，像王彥章這樣侍奉一君，死於國難的「全傳」予以表彰，用心良苦，在於將士效忠朝廷，爲國獻身，在於褒獎忠節，整飭封建人倫道德，建樹起重人格厚人品的新一代士林風氣。

六、滁州醉翁亭與豐樂亭（續前）

歐陽修紀念館（附續圖五）

一九五九年秋，醉翁亭成立「歐陽修紀念館」，由郭沫若先生題寫館名，二〇〇五年重建，該館位於醉翁亭西約二〇〇末處。紀念館佔地約一萬平方米，內有歐陽公館、碑廊、觀瀑亭、一泓亭、知魚台、翰墨軒、棋院、琴韻齋等建築。碑廟墻壁上嵌有蘇軾、趙孟頫、董其昌、文徵明、祝枝山、黃自元、蘇唐卿等人的正、草、隸、篆、「醉翁亭記」碑刻。附後：

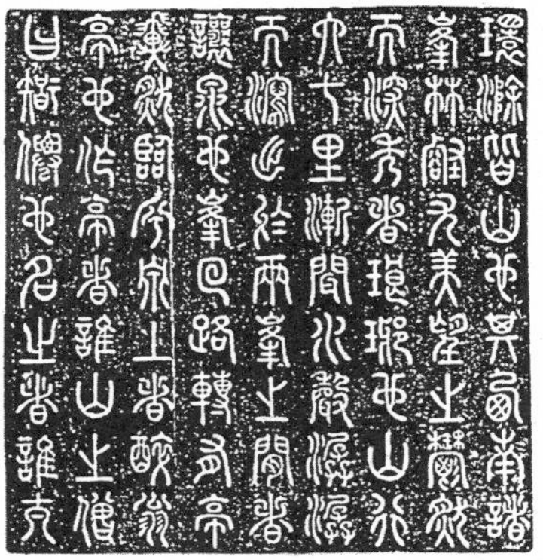

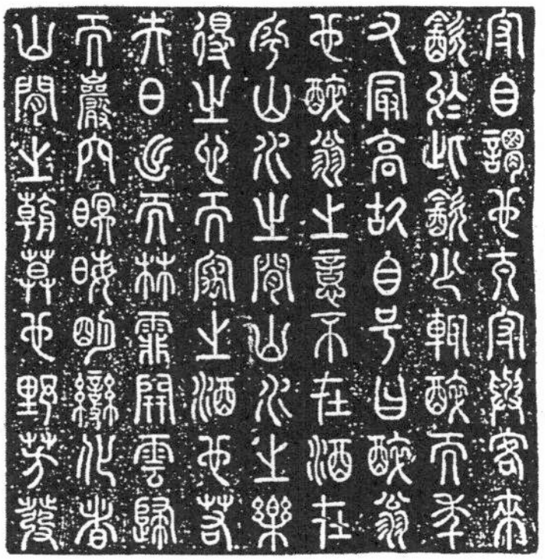

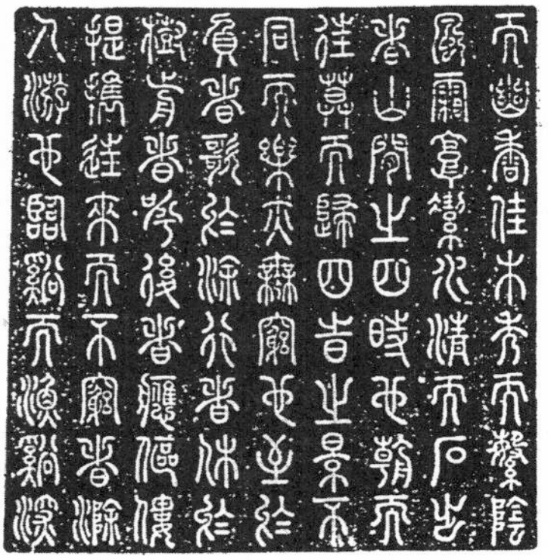

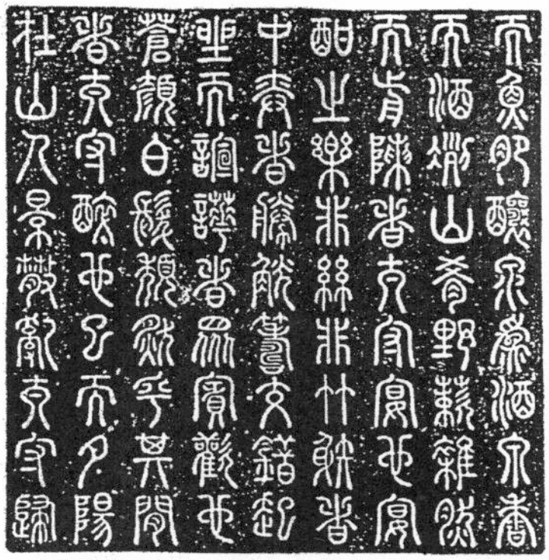

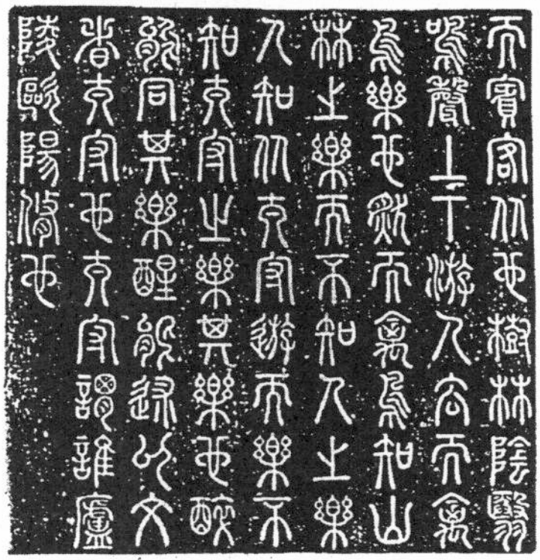

題記

蘇唐卿歐公故人也知費時公已去滁而位相以書請公所作醉翁亭記而篆之立石於費宋嘉祐七年也予以宏治十年春來篆刻土覆徹露其末啟之磨洗乃知顧謂僚吏曰歐名相也蘇名宰也佳章善篆沉二百年而金元人未知是可慨也已遂命泉扛竪於縣儀門之下庶風雨日之不剝落云伊洛楊惠識

此明人題記數行刻于碑額之左旁並就其空處識之

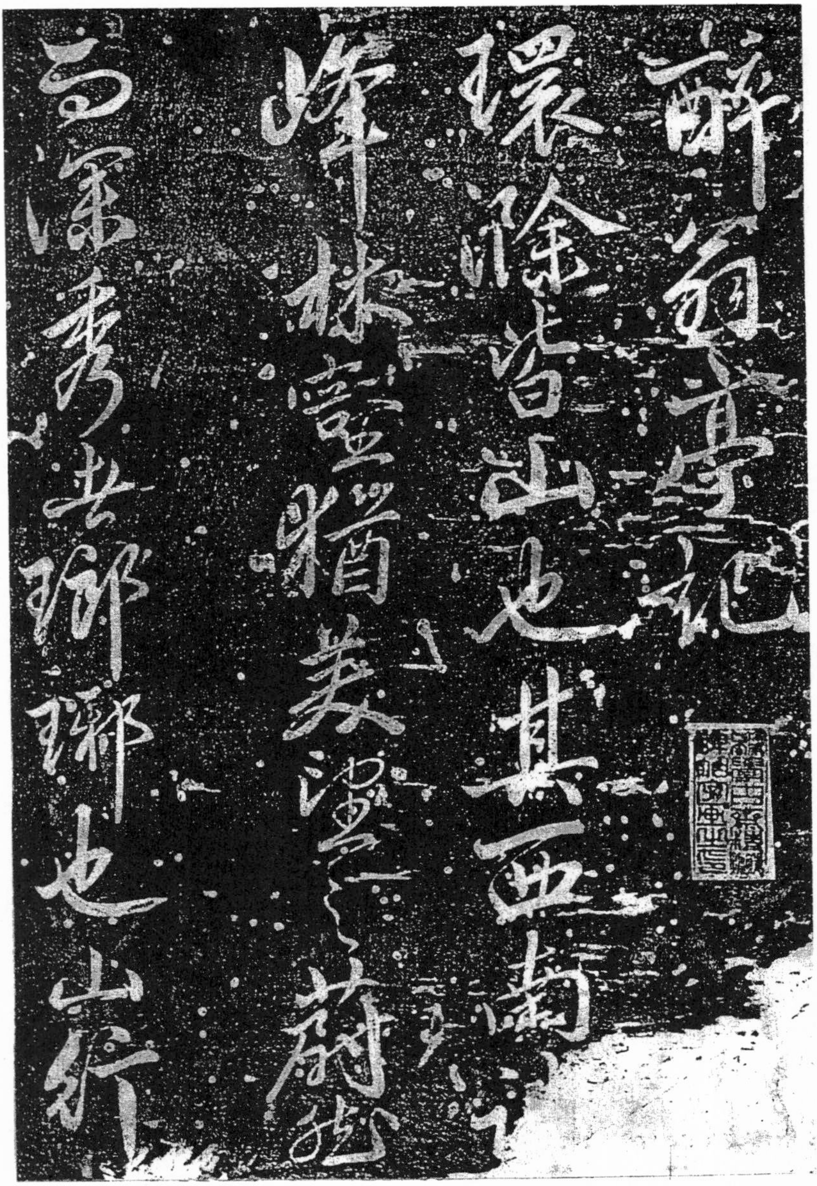
醉翁亭記
環滁皆山也其西南
峰林壑猶美蔚然
而深秀者琅琊也山行

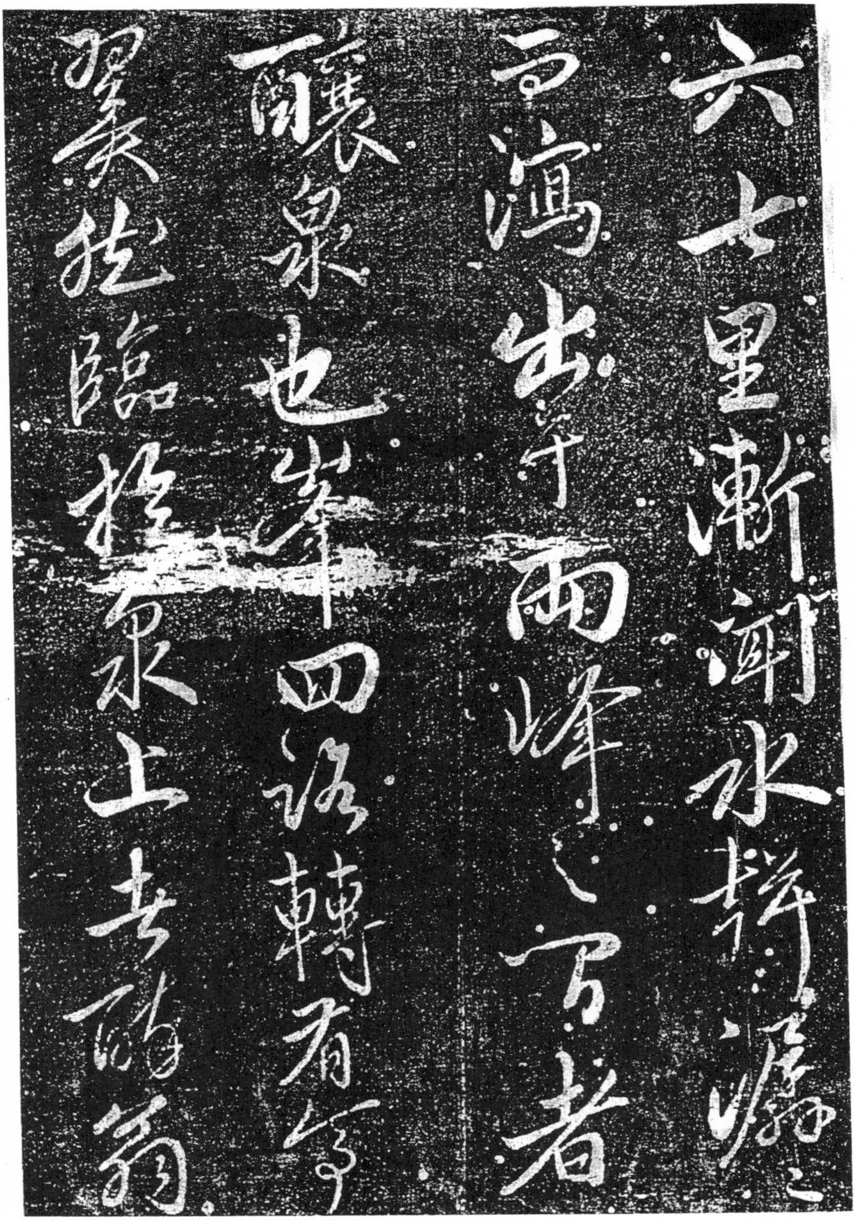
六七里漸聞水聲潺潺
而瀉出于兩峰之間者
釀泉也峰回路轉有亭
翼然臨於泉上者醉翁

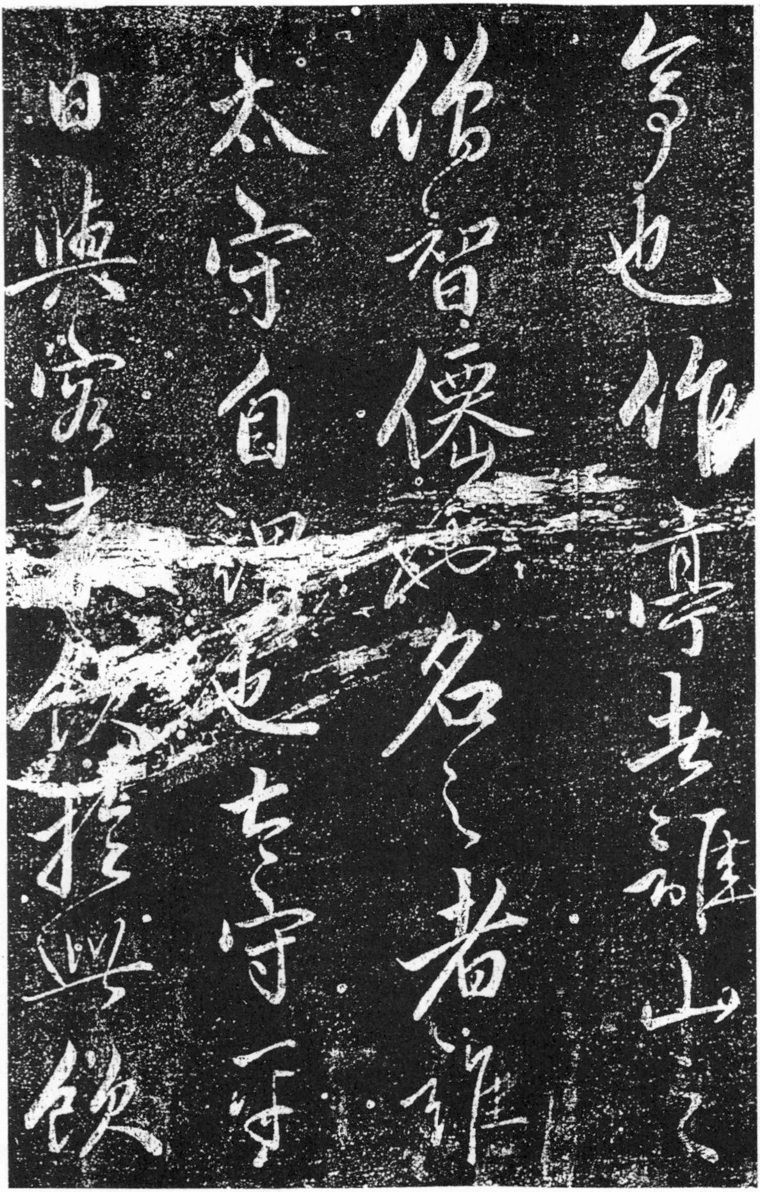
亭也作亭者誰山之
僧智僊也名之者誰
太守自謂也太守與

少輒醉而年又最高
故自號曰醉翁也醉
翁之意不在酒在乎
也山水之間

趙孟頫醉翁亭記
四川成都學古齋精藏，碑帖字畫之印，
內文殘缺

董其昌醉翁記　此刻今存四川青城山常道觀內

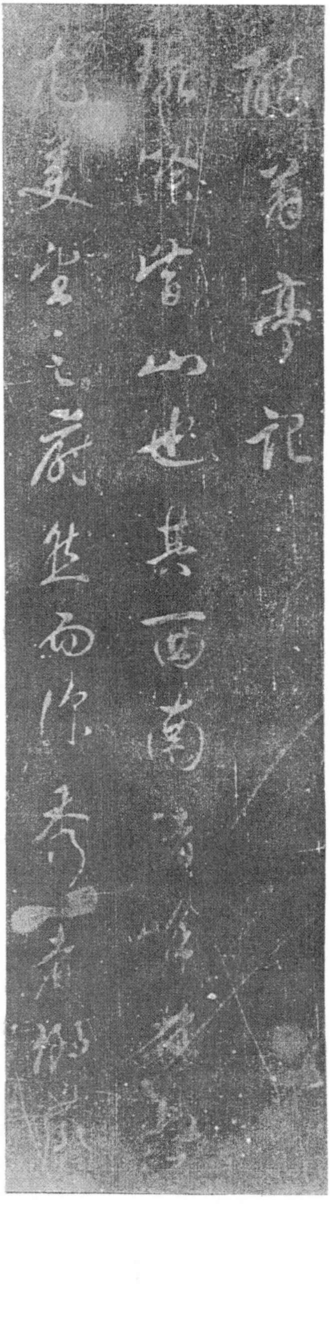

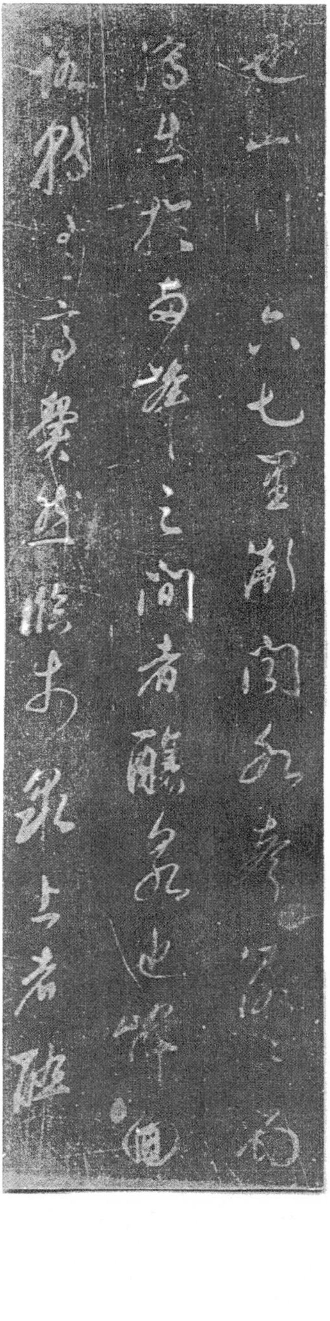

若夫也作亭者誰山之僧智仙也名
之者誰太守自謂也太守與客來飲
於此飲少輒醉而年又最高故自

謂之醉翁也醉翁之意不在酒在乎
乎山水之間也山水之樂得之心而
寓之酒也若夫日出而林霏開

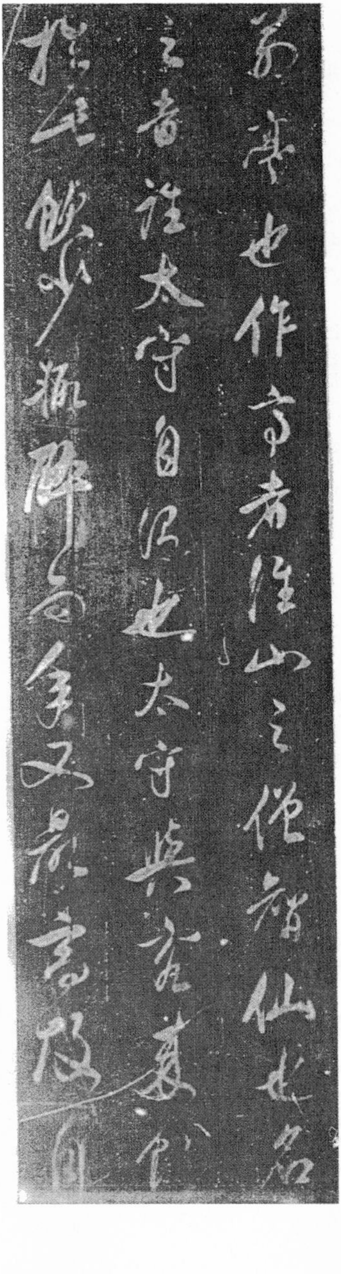

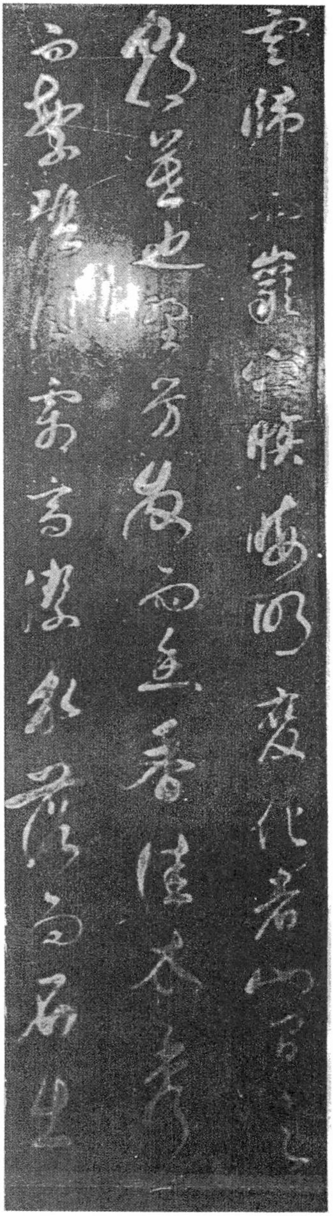
雲歸而巖穴暝晦明變化者山間之
朝暮也野芳發而幽香佳木秀
而繁陰風霜高潔水落而石出

者山間之四時也朝而往暮而歸四時
之景不同而樂亦無窮也至於負
者歌於塗行者休於樹前者呼

雲歸而巖穴暝晦明變化者山間之
朝暮也野芳發而幽香佳木秀
而繁陰風霜高潔水落而石出

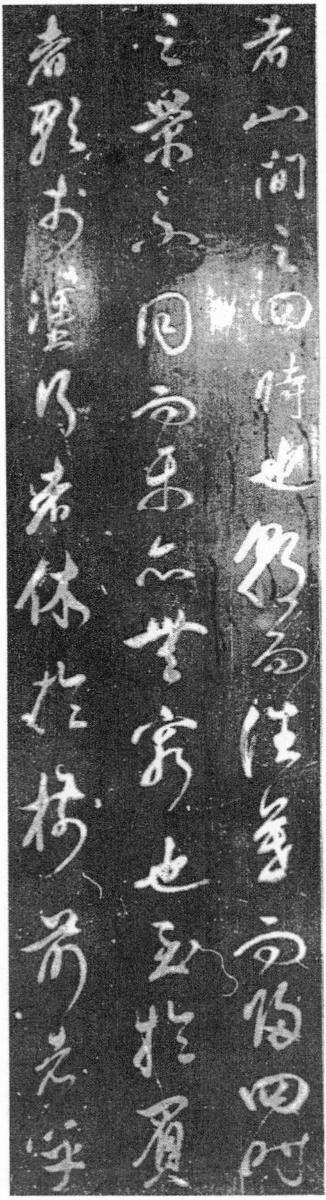
者山間之四時也朝而往暮而歸四時
之景不同而樂亦無窮也至於負
者歌於塗行者休於樹前者呼

後者應傴僂提攜往來而不絕者
滁人遊也臨溪而漁溪深而魚肥釀
泉為酒泉香而酒洌山肴野蔌雜然

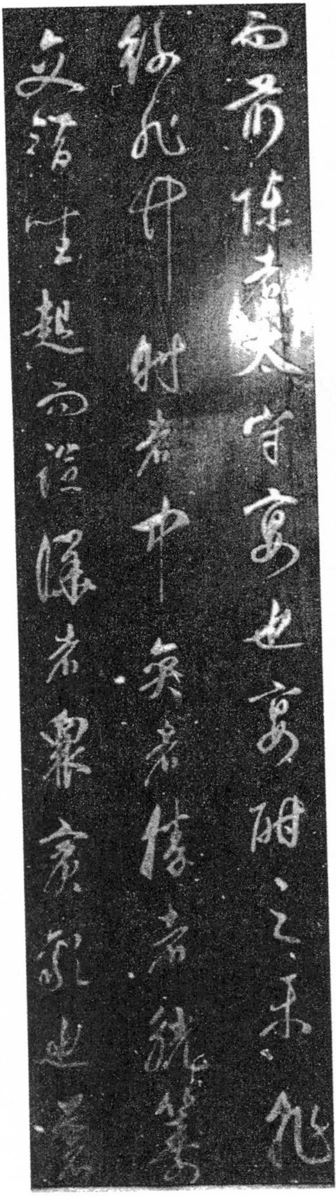
而前陳者太守宴也宴酣之樂非
絲非竹射者中弈者勝觥籌
交錯起坐而諠譁者眾賓歡也

頹然乎其中者太守醉也已
而夕陽在山人影散亂太守
歸而賓客從也樹林陰翳鳴聲

鳴聲上下遊人去而禽鳥樂也
然而禽鳥知山林之樂而不
知人之樂人之從太守遊

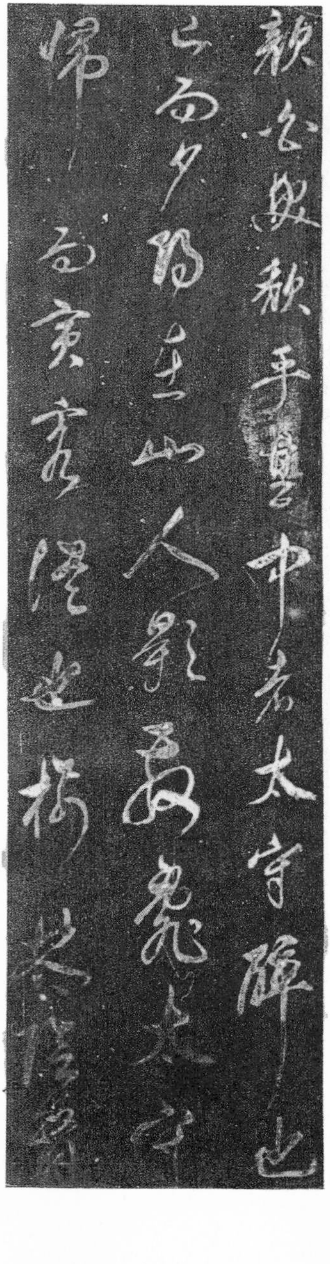

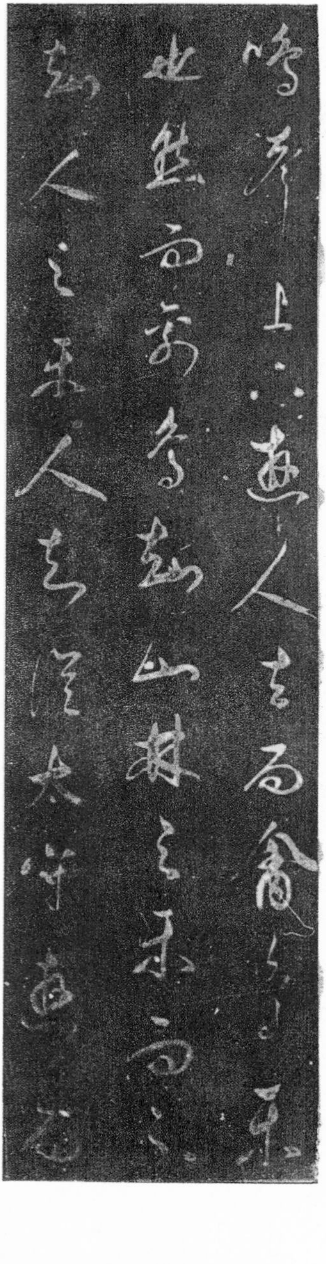

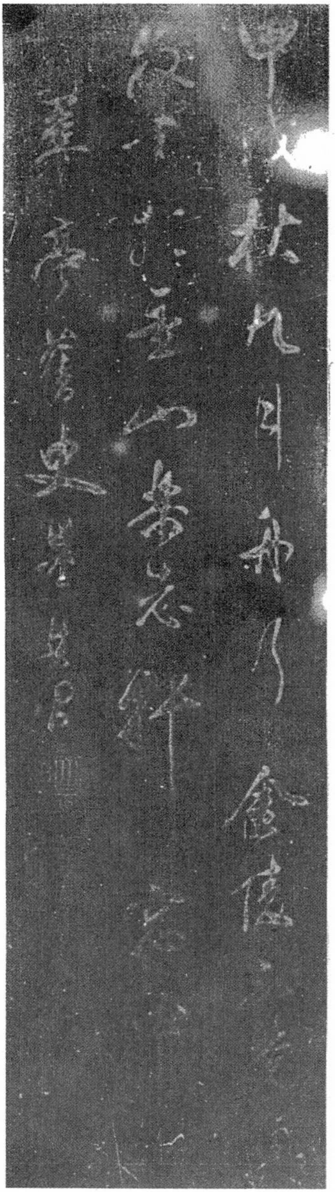

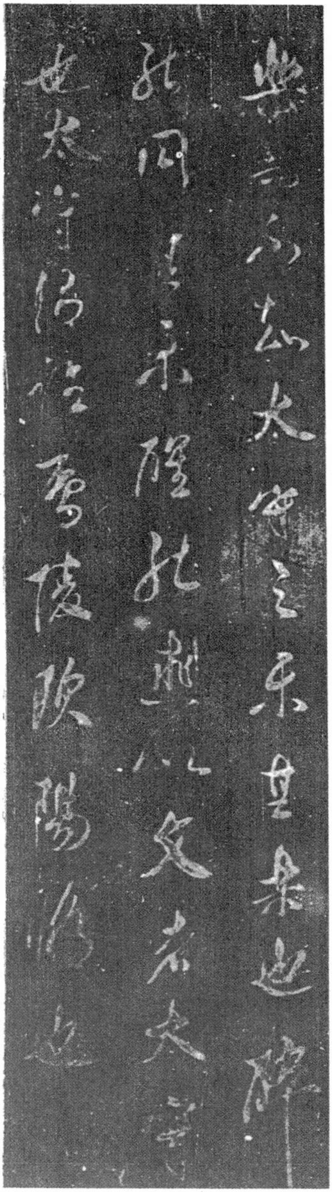

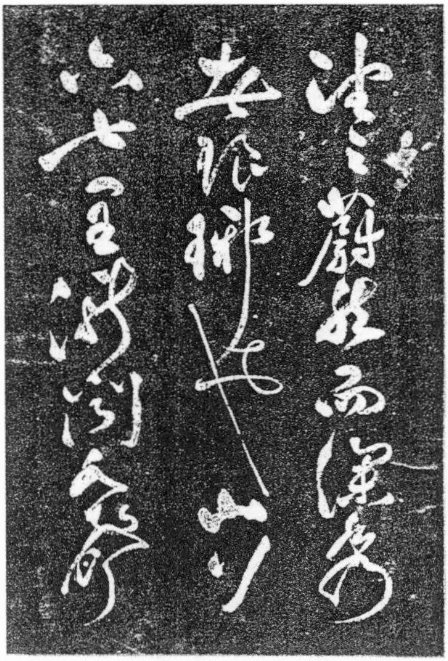

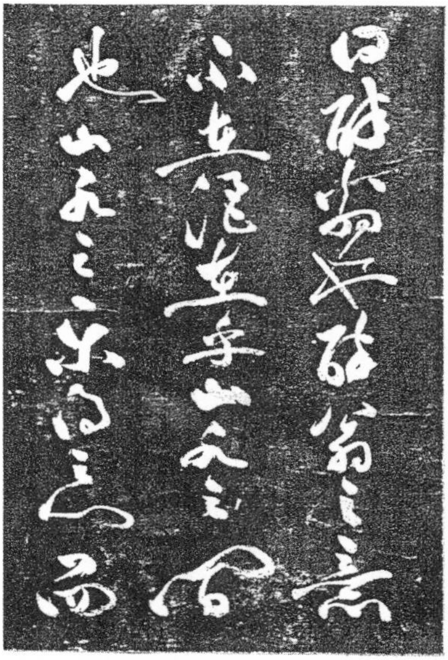

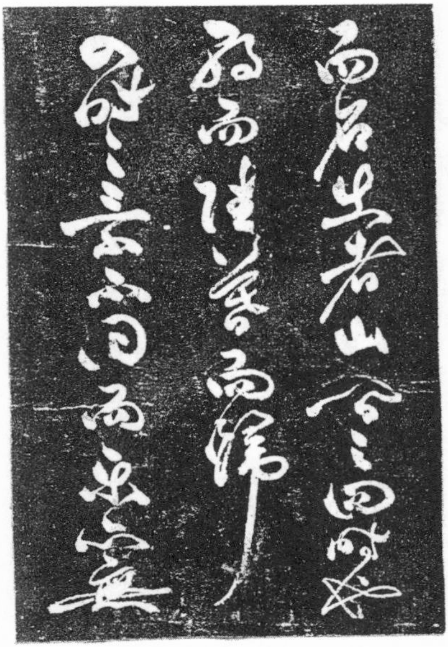

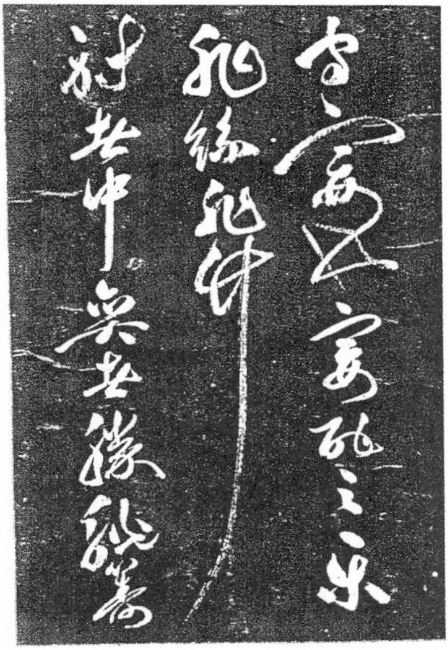
宴酣之樂
非絲非竹
射者中奕者勝觥籌

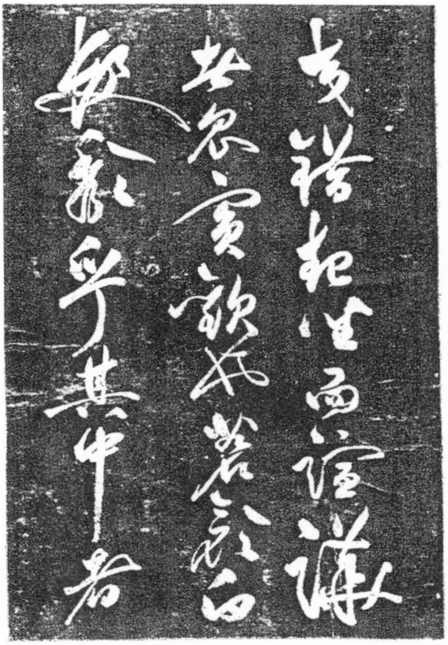
交錯起坐而諠譁
者眾賓歡也蒼顏白
髮頹乎其中者

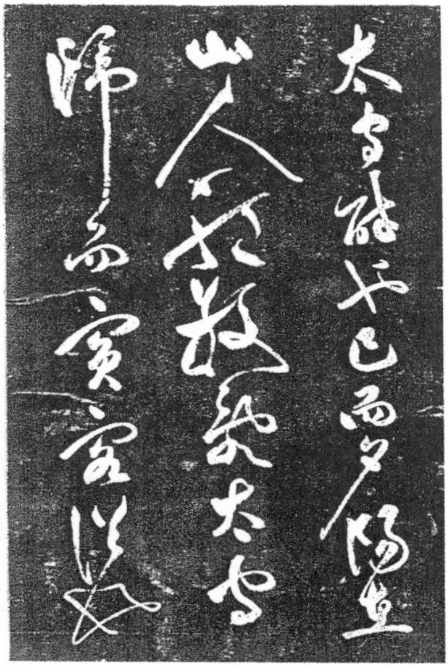
太守醉也已而夕陽在
山人影散亂太守
歸而賓客從也

樹林陰翳鳴聲
上下遊人去而禽鳥
樂也然而禽鳥知

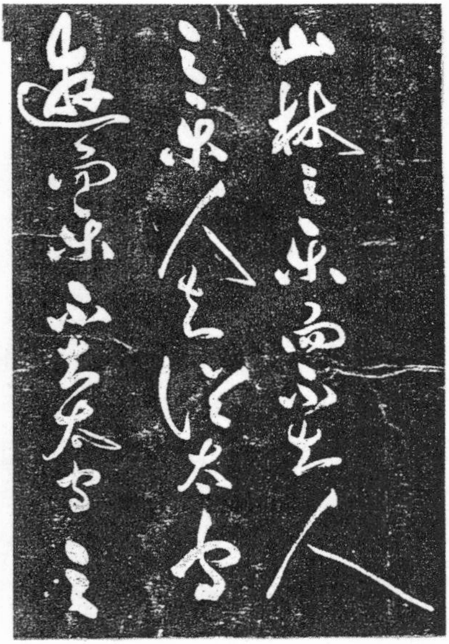
山林之樂而不知人
之樂人知從太守
遊而樂而不知太守之

樂其樂也醉能同其
樂醒能述以文者太
守也太守謂誰

環滁皆山也其西南諸峯林
壑尤美望之蔚然而深秀者
琅琊也山行六七里漸聞水聲
潺潺而瀉出於兩峯之間者釀
泉也峯回路轉有亭翼然臨
于泉上者醉翁亭也作亭者

誰山之僧智仙也名之者誰太守
自謂也太守與客來飲於此飲
少輒醉而年又最高故自號

曰醉翁也醉翁之意不在酒
乎山水之間也山水之樂得之心而
寓之酒也若夫日出而林霏開

雲歸而巖穴暝晦明變化者山
間之朝暮也野芳發而幽香
佳木秀而繁陰風霜高潔水
落而石出者山間之四時也朝而往
暮而歸四時之景不同而樂亦
無窮也至于負者歌於塗行

者休于樹前者呼後者應傴
僂提攜往來而不絕者滁人
遊也臨溪而漁溪深而魚肥釀

泉為酒泉香而酒洌山肴野
蔌雜然而前陳者太守宴也宴
酣之樂非絲非竹射者中弈者

觥籌交錯坐起而諠譁者
眾賓歡也蒼顏白髮頹乎其中
者太守醉也已而夕陽在山人影
散亂太守歸而賓客從也樹林
陰翳鳴聲上下遊人去而禽鳥
樂也然而禽鳥知山林之樂而不

知人之樂人知從太守遊而樂而
不知太守之樂其樂也醉能同
其樂醒能述以文者太守也太
守謂誰廬陵歐陽修也
辛巳秋日偶錄醉翁亭記于培桂軒
樵谷黃元滔

北京图书馆藏本

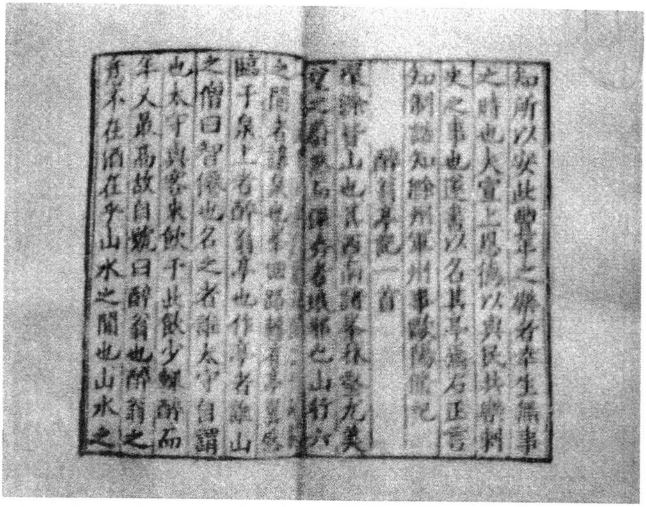
知所以安此豐年之樂者幸生無事
之時也大宣上恩德以與民共樂刺
史之事也遂書以名其亭焉石正言
知制誥知滁州軍州事歐陽脩記

醉翁亭記一首
環滁皆山也其西南諸峯林壑尤美
望之蔚然而深秀者瑯琊也山行六
七里漸聞水聲潺潺而瀉出於兩峯
之間者讓泉也峯回路轉有亭翼然
臨于泉上者醉翁亭也作亭者誰山
之僧曰智僊也名之者誰太守自謂
也太守與客來飲于此飲少輒醉而
年又最高故自號曰醉翁也醉翁之
意不在酒在乎山水之間也山水之

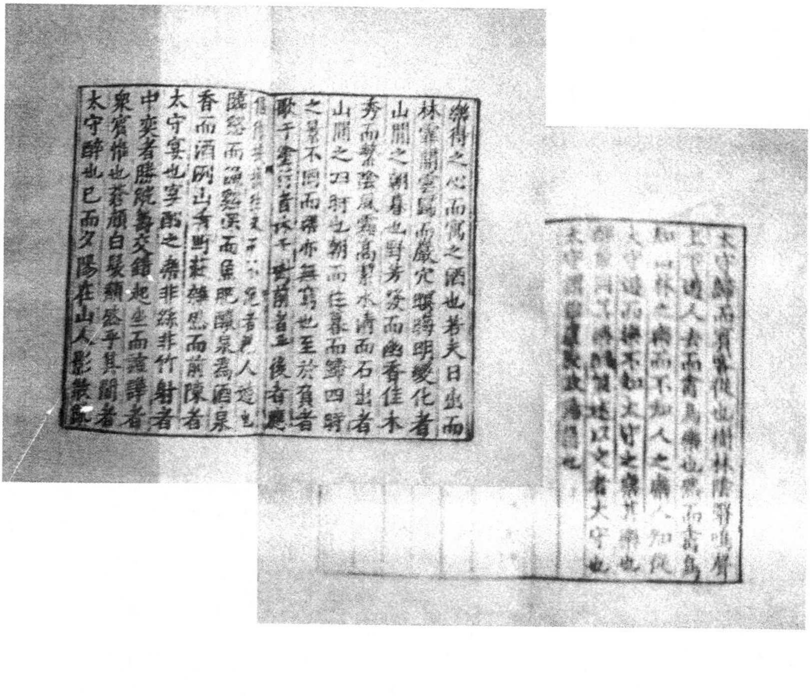
樂得之心而寓之酒也若夫日出而
林霏開雲歸而巖穴暝晦明變化者
山間之朝暮也野芳發而幽香佳木
秀而繁陰風霜高潔水清而石出者
山間之四時也朝而往暮而歸四時
之景不同而樂亦無窮也至於負者
歌于塗行者休于樹前者呼後者應
傴僂提攜往來而不絕者滁人遊也
臨谿而漁谿深而魚肥釀泉為酒泉
香而酒洌山肴野蔌雜然而前陳者
太守宴也宴酣之樂非絲非竹射者
中弈者勝觥籌交錯起坐而諠譁者
衆賓懽也蒼顏白髮頹然乎其間者
太守醉也已而夕陽在山人影散亂
太守歸而賓客從也樹林陰翳鳴聲
上下遊人去而禽鳥樂也然而禽鳥
知山林之樂而不知人之樂人知從
太守遊而樂而不知太守之樂其樂也
醉能同其樂醒能述以文者太守也
太守謂誰廬陵歐陽脩也

——南宋绍兴四年衢州刻本《醉翁亭记》

1. 歐陽公館（續附圖六）

歐陽公館爲紀念館內主要建築，坐北朝南，正廳內塑有歐陽修坐像，內部陳設由揚州潁州和江西吉安等地搜集有關歐陽修多種文物、圖書、照片，其中有拓制的歐陽修畫像兩幅，「瀧岡阡表」一幅，蘇軾所書「醉翁亭記」碑帖四幅，「豐樂亭」二十七幅，還有歐陽修生前全部著作計有各種版本書籍一千二百卷。

蘇唐鄉醉翁亭記（篆書）

藏河南費縣歷史文物管理所。

趙孟頫醉翁亭

此件購于成都「杜甫草堂」題下有紅色篆章十曰：「成都學古齋精藏碑帖字畫之」內文殘缺。

董其書醉翁亭記

此刻今存四川青城山常道觀內

祝枝山醉翁亭記

黃自元醉翁亭

刻板今存安徽縣縣東源鄉西递村民宅內

2. 豐樂亭（續前）

豐樂亭爲歐陽修建於北宋慶曆六年（一〇四六年），文革中遭嚴重破壞，爾後軍方在風景區新建油庫，列爲禁區，不能開放遊覽，滁州市文物管理所自一九九六年至二〇〇一年進行恢復性重修重建，現占地面積約二五〇〇平方米，內有門廳，豐樂亭，保豐堂，危樓，棠舍，芥舟，醉心亭，紫薇泉及碑刻，摩岩石刻等文物。

A.保豐堂（續附圖十一）：在豐樂亭內，意在保佑年年豐收，明代天啓元年（一六二一年）滁州判官尹夢壁作「滁州十二景」，石刻詩畫鑲於此堂內壁，一九六三年此石刻畫移砌在豐樂亭內壁，「文化大革命」中字畫被砸，碑尚存。

B.危樓：（載前集八九一頁）現改建爲樓房（續附圖四十二）。

C.棠舍：在豐樂亭院內，危樓左，三間平房。

F.芥舟：在豐樂亭院內，危樓右，三間平房。

E.醒心亭

醉翁，豐樂二亭，都因歐陽修而揚名四海，除此以外，滁州興建的豐山醒心亭，在歷代地誌中，有突出的記載。

乾隆（江南通志）：醒心亭，在豐樂亭東，亦修建，曾鞏作記，曾鞏和歐陽修都名列「唐宋八大家」，曾鞏的散文相當出色，「醒心亭記」也是一篇佳作。他在闡釋亭名由來時說：歐公與賓客出遊幽谷，必到豐樂亭中飲酒，每有醉意，必到東邊的亭子仰望，看見「群山之相環，雲煙之相滋」，「其必灑然而醒」，故名醒心亭。（續附圖十三）

「醉翁」，「醒心」兩座亭名，成爲巧對。據南宋王象之「輿地紀勝」載，當年歐陽修開發豐山幽谷，興建醒心亭，豐樂亭之初，還有一段佳話，歐陽修請幕客謝氏在幽谷種花，修飾亭院，謝氏請問種那些品種，有什麼要求。歐公吟詩作答：「淺深紅白宜相間，先後仍須次第栽。我欲四時攜酒去，莫教一日不花開」，這首詩收在「歐陽文忠公全集，居士集」中，詩題叫作「謝判官幽谷種花」。

歐陽脩離開滁州，致任揚州知州時，追憶種花往事，在「憶滁州幽谷」詩中寫道：「滁南幽谷抱千峰，高下山花遠近紅。當日辛勤皆手植，而今開落任春風。」種下的花卉已經盛開，可是自己不能再去飲酒觀花了。歲月易逝，頭上增添了白髮，滁州「野老猶能說醉翁」吧？

皇祐元年（一〇四九年），歐陽脩自揚州移知潁州（治所在今阜陽市），還在縈念種花樂事，這時，謝判官已晉升爲中書了，歐陽修有「送謝中書二首」，第一首說：「滁南幽谷抱山斜，我鑿清泉子種花。故事已傳遺老說，世人今作圖畫誇。」

醉翁已經遠去，但爲滁人留下了甘泉和鮮花，亭院美麗得像圖畫一樣，上年紀的還記得醉翁軼事，這是很可欣慰（載安後山水志叢書——琅琊山志）。

醒心亭記（宋）曾鞏

滁州之西南，泉水之涯，歐陽公作州之二年，構亭曰豐樂，自爲記，以見其名之意。既又直豐樂之東幾百步，得山之高，構亭曰醒心，使鞏記之。

凡公與州之賓客者遊焉，則必即豐樂以飲，或醉且勞矣，則必即醒心而望。以見夫群山之相環，雲煙之相滋，曠野之無窮，草樹衆而泉石嘉。使目新乎其所睹，耳新乎其所聞，則其心洒然而醒，更欲久而忘歸也。故即其所以然而爲名，取韓子退之北湖之詩云：噫，其可謂善取樂於山泉之間矣。雖然公之樂吾能言之。吾君優游而無爲于上，吾民給足而無憾于下，天下之學皆爲材且良，夷狄鳥獸草木之生者皆得其宜，公樂也。一山之隅，一泉之傍，豈公樂哉，乃公所以寄于此也。

若公之賢，韓子沒數百年而始有之。今同遊之賓客，尚未知公之難遇也。後百千年，有慕公之爲人而覽之跡，思欲見之有不可及之嘆，然後知公之難遇也，則凡同遊於此者，其可不喜幸歟！（慶曆七年八月十五日記，選自明萬曆「滁陽志」）

3. 滁州吳騰凰先生函

二〇〇七年是歐陽修文忠公一千週年，滁州市將唐宋八大家之一的歐陽公誕生的景德四年丁未六月二十一日寅時後的一千年即公曆二〇〇七年秋季舉辦歐陽修千年誕辰系列紀念活動。其內容召開歐陽修千年誕辰紀念大會暨醉翁亭散文筆會，以市政府名義與「光明日報」聯合舉辦紀念歐陽修千年誕辰散文徵文比賽（徵文廣告已經發表）。舉辦「世界，千年，千人同書『醉翁亭記』書法大賽」。所徵集書法作品，一是展覽，二是出版，三是建碑林。中央電視台拍攝「歐陽修在滁州」文化專題片，在中央電視台最佳時間播出，在滁城最佳位置塑一尊歐陽修像，闢建歐陽修紀念梅林，目的是延伸歐公手植古梅典故；編印「歐陽在滁州」，作爲對來賓的饋贈紀念品。

4. 吳騰凰先生紀念歐陽修一千週年撰「訪醉翁」徐有森書

訪醉翁（續附圖十四）

酒後訪醉翁　琅琊翠千重
怡然笑亭中　滁人講義情
讓泉淙淙東流去　甲骨金文風霜遠
太守轉換忙匆匆　寶宋新齋整石鳴
凡人留影蹤　齊把醉翁吟

七、文章太守在揚州（續前）

1. 西園（續附圖十四）

西園亦稱御苑、芳圃，位於平山堂西側，故名，原塔院西廊井舊址，清乾隆元年（一七三六）汪應築，乾隆十六年始修，咸豐年間（一八五一——一八六一）毀於兵火。同治年間（一八六二——一八七四），兩淮鹽運使方浚頤重修。清末曾有修繕。一九五一年撥款維修大明寺時，同時整理西園。一九七九年，一九八〇年至一九九九年經多次修繕，西園日臻完善。

西園佔地數十畝，中部一泓水池，碧波漣漪，四週岡阜起伏，層巒疊翠，植物品種豐富，建築依山傍水，有天下第五泉，美泉亭等名勝古跡。

2.康熙御碑亭（續附圖十五）

康熙御碑亭位于第五泉北側，是康熙二十八年（一六八九），聖祖南巡時，賜揚州知府高承爵御製（靈隱）詩，碑文云：

靈山含秀色，鷲岭起嵯峨，
梵宇盤空出，香雲繞地多，
開襟對層碧，下馬無煙蘿，
羽衛閑來往，非同問法過。

另述懷近體詩

平山堂

宛轉平岡路向西，山堂遺構白雲低，
窗前冬暖花仍發，檐外風高鳥亂啼，
仙仗何嘗驚野夢，鳴鑣偶爾過幽栖，
文章太守心偏憶（註），墨灑龍香壁上題。

註：歐陽脩自題平山堂詞有「文章太守」之句。

3.乾隆御碑亭（續附圖十六）

乾隆御碑位於西園拾級而下的入口處西側，中置三塊御石碑。最東邊的石碑上刻有乾隆辛未（一七五一）春仲第一次南巡時所寫「平山堂」御制詩：

梅花才放爲春寒，果見淮東第一觀。
馥馥清風來月牖，枝枝畫意入雲欄。
蜀岡可是希吳苑，永叔何曾遜謝安。
更喜翠峰余積雪，平章春色助清歡。

最西邊的石碑上刻有乾隆丁丑（一七五七）仲春第二次南巡時所寫「平山堂」御制詩：

西寺西頭松竹深，歐陽舊跡試遊尋。
江南山色秀無盡，二月韶光美不禁。
四字檐端垂聖藻，千秋座右揭官箴。
春巡處處前徽仰，到此尤廑吁俊心。

中間石碑上刻有乾隆壬午（一七六二）第三次南巡時寫的「四月朔日遊平山堂」御制詩：

春舫輕移邗水濱，人思六一重遊巡。
陽陽葉色今迎夏，袞袞花光昨餞春。
巧法底須誇激水，淳風惟是憪投薪。
江南山可平筵望，望豈因山因憶民。

4.天下第五泉（續附圖十七）

宋歐陽脩「大明寺水記」

世傳陸羽「茶經」，其論水云：「山水上，井水下」，又云：「山水乳泉，石池漫流者上。瀑湧湍激勿食，食久令人有頸疾。江水取去人遠者，井水取汲多者」，其說止於此，而未嘗品第天下之水味也。至張又新爲「煎茶水記」，始云：劉伯歸謂水炙茶者有七等。又載：羽爲李季卿論水次第有二十種。今考二說，與羽「茶經」皆不合。羽謂山水上，而乳泉，石池又上，江水次，而井水下。伯歸似楊子江爲第一，惠山石泉爲第二，虎丘石井爲第三，丹陽寺井爲第四，揚州大明寺井水爲第五，而松江第六，淮水第七，與羽說相反。季卿所說二十水：廬山康王溪水第一，無錫惠山石泉第二、蘄州蘭谷石下水第三，扇子峽蝦蟆口水第四，虎丘寺井水第五，廬山招賀寺下方橋潭水第六，楊子江南冷水第七、洪州西山瀑布泉第八，桐相淮源第九，廬州龍池山頂水第十，丹陽寺井第十一、揚州大明寺井第十二，漢江中冷水第十三，玉虛洞香溪水第十四，武關西水第十五，松江水第十六，天台千丈瀑布第十七，郴州園泉第十八，嚴陵灘水第十九，雪水第二十。如蝦蟆口水，西山瀑布，天台千丈瀑布，皆羽戒人勿食；食之生疾；其餘江水居山水上，井水居江水上，皆與「茶經」相反，疑羽不當二說以自異、使誠羽說，何足信也，得非又新妄附益之耶？其說羽辨南冷岸水特怪誕，甚妄也。水味有美惡而已，欲舉天下之水，一一而次第之者，妄說也，故其爲說前後不同如此。然此井爲水之美者也。羽之論水，惡渟浸而喜泉源，故井取多汲者，江雖長流，然衆水雜聚，故次山水，惟此說近物理云。

汪應庚「平山堂攬勝志」，李斗「揚州畫舫錄」，及宋代民族英雄李綱，明代四才子之一文徵明，均有詩文記述，大明寺第五泉水，不僅宜茶，而且宜酒，在清代有「平山堂酒」，就是用第五泉水釀成的。此泉系地脈中流出，至今仍清澈甘冽，夏天寒碧異常，冬天溫暖如春，水雖然比以前小了，但水位仍明顯高於放生池水面，內高外低，泉水不犯河水；又因泉水表面張力大，小盈出杯許而不溢，實爲一奇觀。此泉經鑑定，符合國家規定的一級飲用水標準，含有人體所需的多種礦物質。清代雍乾間書法家王澍所書的「天下第五泉」刻石，乾隆間本立於西園中水池上，兵燹後重修法淨寺時移立於山門外西牆上，與東墻壁上清初書法家蔣衡所書的「淮東第一觀」刻石相對應。天下第五泉週邊植有槨榆，黑松、桂花、無患子、絲棉木、天竺，絡石等。

5. 美泉亭

天下第五泉四週設有正方形遠空欄杆，其上建有美泉亭，清代趙之壁「平山堂圖志」卷一云：「宋時，泉上有美泉亭，歐陽修建。「修集」自注：大明井，美泉集，今無可考。「清代」李斗「楊州畫舫錄」卷十六云：「覆井亭在池中，高十數丈，重置轆轤，效古美泉亭之制。」

現美泉亭爲一九六三年復建，亭北向懸寬「美泉亭」匾，爲吳南敏書，亭之西北側有「天下第五泉」石碑，碑文曰：

大明泉列天下第五，在蜀岡上，山館廊下。舊有泉，王虛丹大史爲馬氏書「天下第五泉」，將壽石而寘請壁，後劉景山索去，遂不果。予重葺是園，泉水已規石爲井。暇日因縮摹虛舟書，補勤於石，刻諸廊側，聊志藝林一段佳話云，道光癸巳初夏，個園主人識，王城書。

6. 瓊花觀內無雙亭（續附圖十八、十九、廿、廿一、廿二）

一九九四年揚州文教部門修復蕃厘觀，並新建瓊花園和無雙亭。規模宏偉的大殿，山門殿和福建女三間廊房均已完成，並對外開放。

據揚州地方史籍記載，北宋和初揚州蕃厘觀（今名瓊花觀）內確曾生長一株瓊花：柯條柔蔓，花大如盤，白中微黃，光澤奇麗，香艷誘人，迥出凡卉之上，獨具無雙之姿。但人們不識爲何木，民間有仙女種王得花的傳說，故稱之爲瓊花。宋仁宗時，韓琦在揚州所詠后土祠瓊花詩中有「維揚一株花，四海無同類，年年后士祠，獨此瓊瑤貴」之句。宋仁宗慶曆間，歐陽修知揚州時，對此花極爲貴愛，曾在觀內花下建無雙亭，並有詩曰：「瓊花芍藥世無倫，偶不題詩便怨人。曾向無雙亭下醉，自知不負廣陵春。」就在慶曆年間，瓊花曾被植於汴京「禁苑」，但逾年即枯，復栽原處，卻又「敷榮如故」。宋高宗紹興三十一年，瓊花被金主完顏亮獨本而去，翌年根旁復生三蘖，觀內老道金大寧精心培養，使「暢茂如故」。宋孝宗淳熙間，亦曾移植於臨安宮內，但憔悴不開花，逾年只得送還。元至元十三年（一二七六），十萬元兵急攻揚州，數月不克，城將破時，瓊花突然枯去。從此，瓊花就不復見。「山房隨筆」曾載：趙國炎以詩吊之曰：「名無雙氣色雄，忍將一死報東風，他年我若修花史，合傳瓊姬烈女中」。

一提起瓊花，人們就會聯想起隋煬帝看瓊花的故事，在民間流傳已久，再經過清初「隋唐演義」

小說的加工，遂使傳說家喻戶曉。揚州尚流傳著一首民謠：「二月裏來龍抬頭，煬帝開河下揚州，一心要抱瓊花看，萬里江山一旦丟。」瓊花是聖潔、堅貞的花，隋煬帝趕到揚州前夕，一場夾看冰雹的暴風驟雨把瓊花打落殆盡，瓊花不願讓昏庸，荒淫的暴君玷污。

始於北宋初而殞於南宋末的一代「仙花」永絕於人間卅三年以後，觀內道士金丙瑞根據的意願，在原無雙亭畔，瓊花台上補植一株「聚八仙」，聊以爲代。宋孝宗淳熙十五年鄭興裔知揚州時，曾見過瓊花，遂將瓊花與聚八仙相比較：「瓊花大而瓣厚，其色淡黃，聚八仙小而瓣薄，其色微青，此不同者一也。瓊花葉柔而瑩澤，聚八仙葉粗而有芒，此不同者二也。瓊花蕊與葉平，不結子而香，聚八仙葉低於花而不香，此不同者三也。」但瓊花與八仙「大率相類」，必經「細觀熟玩」方知有別。清嘉慶，道光年間，有河督麟慶，曾在揚州求瓊花眞木不得，後在河南做官時，獲瓊花畫卷，圖上有「祕殿珠林」之印，未敢自留。便由揚州的周式文命人彷制了一個摹本。今揚州博物館尚珍藏石刻一塊，上有阮元題識，稱「瓊花眞本」，其形狀與聚八仙極爲相似。據研究，瓊花當是聚八仙的優良品種，故人們把聚八仙稱之爲「瓊花之祖」。

另平遠樓前這株聚八仙，係清康熙年間住持道宏禪師所手植，雖逾三百年，卻依然莖葉繁茂，嬌艷動人，它的子孫已東渡扶桑，在日本奈良唐招提寺內茁壯生長。一九七八年四月，趙樸初在奈良時，恰巧瓊花第一次錠蕾，森本長老特地剪了兩支，一支供奉在鑒眞塔前，一支派專人送給趙樸初。人有情，花也有情。

一九八五年七月十八日，揚州市第一屆大常委員會第十六次會議決定：揚州市市花爲瓊花。

八、權知開封府

嘉祐三年（一〇五八年）六月十一日文忠公朝廷任命以龍圖閣學士權知開封府。

1. 秉公執法

七八月間，京師權貴犯法現象日趨嚴重，推究原因，在於權貴們有恃無恐，一旦觸犯刑律，常從宮中乞得恩命，以逃脫懲罰，文忠公蒞職不滿兩個月，就遇上十起此類案件，對於權貴倚仗權勢，爲非作歹的行爲，深惡痛絕，決心嚴加懲處。他上奏「請今後乞內降人加本罪二等札子」，請求允許今後對替別人謀求內降的人，連同罪犯一併治罪；凡是罪犯自行求得內降的，一律施以加重本罪二等的處罰，切實制止宦官小人擾亂朝綱，敗壞法紀，當時，一個叫梁舉直的宦官，私使役使官兵，觸犯了朝律，被交付開封府處置，然而，從宮廷接二連三傳出內降，要求寬恕免罪，文忠公堅決頂住，三次內降，都被拒絕，終於將罪犯繩之以法。權貴勢要，皇親國戚看到新知府秉公執法，不徇私情，不得不規矩起來，京城頓時晏然無事。

2. 憂慮民生，罷棄元宵花燈節

嘉祐四年（一〇五九年）正月到了，按照往年習俗，京城元宵節要大鬧花燈，萬民出遊，歡慶新春。然而，去年冬天以來，開封地區雨雪霏霏，天寒地凍，柴炭米蔬價格暴漲，老百姓難耐饑寒，有投井跳河的，有活活凍死餓死的。作爲父母官的文忠公；一方面組織人員賑災濟貧，一方面上奏「乞罷上元放燈扎子」，請求仁宗罷免今年的元宵放燈，以表示敬畏天命，憂慮民生，仁宗批准奏議，罷棄了元宵燈節。

九、自罷參政出知亳州

英宗治平四年丁未（一〇六七年）因「濮議」之爭，「長媳案」情知一時難以致仕退隱，三上表章，懇請出知外郡，三月二十四日參知政事，除觀文殿學士，轉刑部尚書，出知亳州（今安徽亳縣）改賜推誠保德崇仁翊戴功臣。

熙寧元年（一〇六八年）二月二十八日文忠公率領僚屬出遊太清宮，亳州西境的衛眞縣（今河南省鹿邑）是道教教主老子的故鄉，縣東十里的太清宮始建於東漢延熹八年（一六五年），是道教著名宮觀，大中祥符七年（一〇一四年），宋眞宗親臨亳州太清宮，加封老子爲「太上老君混元上德皇帝」，掀起北宋帝王崇尚道教的高潮，文忠公一生弘揚儒教，排斥佛老。同時，他認爲道教鼓吹清靜無爲，恬淡寡欲，不像佛教那樣蠱惑人心，禍害民生，他的排斥異端，主要致力於辟佛。

這次往遊太清宮，一出城門，文忠公就在馬背上吟詩一首——「遊太清堂出城馬上口占」：

擁旆西城一據鞍，耕夫初識勸農官。

鴉鳴日出林光動，野闊風搖麥浪寒。

漸暖綠楊才弄色，得晴丹杏不勝繁。
牛羊雞犬田家樂，終日思歸盍掛冠。

早春時節，晨曦中的田園風光，再一次喚起文忠公歸田退隱的想法。

太清宮裡有八棵古檜，蒼勁挺拔，根株枝幹都向左紐結。相傳是老子親手種植，仙人騎著白鹿，依托這八棵古檜升騰天境。文忠公從來不信神怪說話，他徘徊在古檜樹下，吟誦「升天檜」詩：

青牛西出關，老聃始著五千言，
白鹿去升天，爾來忽已三千年。
當時遺跡至今在，隱起蒼檜猶依然，
惟能乘變化，所以爲神仙，
離鸞駕鶴須臾間，飄忽不見如雲，
奈何此處起平地，更假草木相攀緣；
乃知神仙事茫昧，眞僞莫究徒自傳，
雪霜不改終古色，風雨有聲當夏寒，
境清物老自可愛，何必詭怪窮根源。

他從老子升天的升天的故事說起，揭示神仙鬼怪難以置信，神仙能乘風御氣，離鸞駕鶴，爲什麼這只白鹿起於平地，而且還得依托八棵古檜才能升天呢？文忠公認爲古檜蕭森，蒼勁翠綠，自然喜人可愛，不必故弄玄虛，附會神異傳說。

文忠公雖然不信神仙之說，但在亳州任上，常與道士們往來，有一位嵩山道士許昌齡，住在潁陽（今河南登封縣潁陽鎮）石堂山石堂，即當年文忠公遊覽過的紫雲洞，前不久，許道士柱著拐杖來遊太清宮，文忠公邀請到州廟，閑聊論道，十分投機，說到當年往遊紫雲洞所見苔蘚成文「神清之洞」的往事，心馳神往，分手以後，許道士鶴髮童顏的形象時刻縈回在文忠公腦海，就如他的「又寄許道士」詩中所描寫的：

綠髮方（一作青）瞳瘦骨輕，飄然乘鶴去吹笙，
郡齋獨坐風生竹，疑是孫登長嘯聲。

文忠公將許道士比作魏晉時期的隱士名流孫登，欣賞其飄然欲仙的瀟灑生活。

後來，文忠公一再回憶起「神清之洞」的奇特景觀，作「戲石唐山隱者」詩，更加表露出對神仙生活的嚮往之情：

我昔曾為洛陽客，偶向岩前坐盤石，
四字丹書萬仞岩，神清之洞鎮樓台，
雲深路絕無人到，鸞鶴今應待我來。

文忠公平生力辟佛老，晚年性趨寬容，對道教態度稍有退讓，當然，這種寬容與退讓，是在堅守儒學正統思想前提下的兼容並包，後來的理學家，在此基礎上求發展，吸收佛經，道藏的某些思想，

將儒、佛、道三教融通，開創封建社會後期學術思想的新天地。

十、醉意青州山水

青州石刻文化載青州台灣事務辦公室主任張本然提供

熙寧元年（一〇六八年）秋，遷兵部尚書知青州事，充京東路安撫使，這時，屢遭貶謫，心灰意懶，決計退居山林，潔身自好，接連三次上書，堅辭不就；皇帝六次下詔，催促赴任。王安石在替皇帝擬草的詔書中勸說道，青州是海岱名都，曾是姜太公的封地，又是安撫京東路的軍事重鎮，只有你這樣的國家元勛才能擔當此任，最後到青州上任。

到青州後，文忠公奉行「寬簡而不擾」的施政方針，剛剛到青州三五天，官府事情已減去了一半，兩個月之後，「官府如僧舍」，兩年之後，出現了「年時豐稔，盜訟稀少」的景象。當然，文忠公解釋「寬簡而治」，並不是無所作爲，廢弛政事，而是不擾民，不滋事，不苛急，不繁瑣，歸根結底還是自己不求政績，不求聲譽，單求與民方便，休養生息。

留題南樓詩：

偷得青州一歲閑，四時終日對孱顔。
須知我是愛山者，無一詩中不說山。
醉翁到處不曾醒，問向青州作公生？

公退留賓誇酒美，睡余欹枕看山橫。

詩句明白曉暢，抒情委婉，表達了對青州山山水水的眞摯情感，也表現了詩人在青州的閑適心境，後人鐫刻雲門山頂投龍壁題群，因年代久遠，字跡模糊，難以卒讀，據文獻記錄。

文忠公對政事刪繁就簡之後，更多時間用於寄情山水，賦寫詩文，他在府衙邊建了一個「山齋」，作爲靜養之處，當然，他也經常外出觀賞青州的美麗風光，一次，他料理公事，來到東郊的水磨亭子，吟詩一首：

多病山齋厭郁蒸，經時久不到東城；
新荷出水雙飛鷺，喬木成蔭百囀鶯，
載酒未妨佳客醉，憑軒仿見老農耕，
使君自有林泉趣，不用絲篁亂水聲。

久病厭倦，水城郊遊，看到春光明媚，萬象更新，不覺心情舒暢；新荷出水，飛鷺成雙，喬木成蔭，鶯歌鳴囀，美景目不暇接；與好友對飲幾杯，微醉後欣賞山林野趣，小橋流水，農家樂事，確實自有一番情趣。

另「春晴書事」首：

莫笑青州太守頑，三齊人物舊安閑，
晴明風日家家柳，高下樓台處處山，

嘉客但當傾美酒，青春終不換頹顏，
惟慚未報君恩了，昨日盧公衣錦還。

文忠公喜愛青州的美景，醉意青州的山水，但是年老體衰，仕途坎坷，歸隱的念頭揮之不去，時時縈繞心頭，當朝遷調任他去太原府時，他深感自己體力不支，堅辭不就，就在此時，他寫下了著名文章「瀧岡阡表」悼念養育自己的父母；並用青州盛產的大青石，刻了一丈餘高的石碑，運回江西老家，置於父母的墓前。

康熙元年（一六六二年）任青州同知葉先登題歐陽公祠詩：

文章巨擘數廬陵，涵鼎烹鮮亦自矜，
爲向雪宮翔白鳳，何妨雲頂避蒼蠅。
風追范富眞速壁，操凜淄濰總一冰，
剝落殘碑誰再豎，三賢可四有傳燈。

葉先登，福建長泰人，清順治九年進士，康熙元年（一六六二年）任青州府同知，十分重視地方誌書的編纂，曾著「顏神鎮志」，其「物產」篇對當地陶瓷記載頗細。

十一、養拙以待退，轉知蔡州（今河南新蔡縣）

熙寧三年（一〇七〇年）正月二十四日，神宗頒發詔書，命令各路散發青苗錢，既禁止強行攤派，也不許阻撓發放。青苗法，是王安石變法的一項重要內容，又稱常平新法，是對常平倉法的進一步改革。

五月十九日，文忠公見青州境內今年春季發放的「夏料青苗錢」，至今沒有一戶償還。按照朝廷命令，「秋料青苗錢」的發放迫在眉睫，於是，他上奏「言青苗第二札子」，請求朝廷允許停發「秋料青苗錢」。沒等到朝廷批覆，文忠公擅自命令京東東路各州軍停止發放秋料錢。結果，五月二十九日受到朝廷「譴呵」，礙於他的聲望，朝廷寬容了他，只是批評，沒有懲罰。事後，文忠公表面上承認錯誤，呈奏「謝擅止散苗錢放罪表」，實際上，內心深處對青苗錢的看法沒有改變。

王安石越來越清楚，文忠公不會支持自己的變法主張，因此更加不贊成文忠公重返中書執政。他對神宗說道：「我早就說過，文忠公在政府，一定對變法沒有好處，只會使那些反對變法的人依附到他門下，增添更多的麻煩。」

通過一年多對變法實踐的觀察，文忠公深知自己的政治主張與王安石之間差異太大。王安石變法的宗旨在於富國強兵，無可厚非，但是，爲了目的，不擇手段，爲了富國，不惜損民，這與自己的穩健改革思想大相徑庭。他進一步堅定不入朝做官的決心，與王安石保持政治上的距離，只維持私人友誼。

六月十五日，文忠公第六次上奏「辭宣徽使判太原府札子」。陳述難以從命的三大理由：「義所難安，一也；精力已衰，二也；用非所學，三也。」其中也委婉地談到他對時局的看法，表示他難以支持王安石變法的態度：晚年繼之衰疾，識慮昏眊，舉事乖違，大抵時多喜於新奇，則獨思守拙；衆方興於功利，則苟欲循常」。申明自己恪遵的「守拙」，「循常」，與王安石崇高的「新奇」，「功利」格格不入。

七月三日，朝廷終於同意他的一再懇請，滿足他的要求，改知蔡州（今河南汝南）。

八月，文忠公啓程赴蔡州任，途經潁州府，他以足疾爲由，在潁州滯留了一個多月。

1. 撰「六一居士傳」自明心志

九月七日，文忠公在潁州將亳州及青州任上吟誦的十七首思潁詩，編纂成「續思潁詩」，並撰寫序言，同日，改號「六一居士」，寫作「六一居士傳」自明心志。其中說：

客有問曰：「六一何謂也？」

居士曰：「吾家藏書一萬卷，集錄三代以來金石遺文一千卷，有琴一張，有棋一局，而常遺酒一壺。」

客曰：「是爲五一爾，奈何？」

居士曰：「以吾一翁，老於此五物之間，是豈不爲六一乎。」

九月廿七日，抵達蔡州，蔡州，離文忠公日夜嚮往歸老之地——潁州，已是近在咫尺，而且，這是一個條件優越的古都，有利於自己養病保身，就如他在「蔡州謝上表」中所說：「惟古豫之名邦，控長淮之右壤，土風深厚，物產豐饒，雖宣化班條，慚無異術，而守官循法，足以偷安。」同年冬季，在致韓琦的書簡中，還提到之所力請蔡州，是因爲這裏地僻事閑，可以躲開王安石變法風潮的直接衝擊，養拙以待退。

2. 賀王安石拜相

熙寧四年（一〇七一）春天，文忠公獲悉王安石與韓絳在去年十二月十一日任宰相，他給王安石發去賀信，對這位門生在變法運動中的一些做法，他心存不滿，但是，對王安石政治地位的上升，他還是感到高興，祝福王安石自我保重，在事業上圓滿成功。他的「賀王相公拜相啓」寫道：

相公誠明稟梓，精祲窮徵。高步儒林，著三朝甚重之望；晚登文陛，當萬乘非常之知……伏惟上爲邦國，精調寢興，欣悵之忱，敘陳罔既。

初春以來，文忠公百病交攻，他告假在家中調養，追懷往事及至友，感嘆人世滄桑，盛衰無定，昔日交遊零落殆盡，心中不由得愀然生悲。

一直到六月十一日，文忠公連上三表二札以後，朝廷才批准他以觀文殿學士，太子少師致仕。北宋致仕官帶職，是從今年二月王素開始的。文忠公這次以太子少師帶觀文殿學士，是出於朝廷特殊恩遇，使他退休以後，仍然可以享受各種優厚待遇。因此，他在「謝致仕表」中說：「道愧師儒，乃忝春官之峻秩；身后畎畝，而居書殿之清名。」

按照宋朝規定，朝臣致仕年限定七十歲，文忠公今年六十五歲，還有五年差距；當他再三請求退休時，門人蔡承禧問道：「先生道德聲重被朝廷倚重，又沒有到退休年齡，爲什麼急於離去呢？」文忠公說：「我平生的名節，已經被後輩門描繪殆盡，只有快點退隱，才能保重名節，難道要等到人家驅逐下台嗎？」

3. 贈劉道淵道士道袍

離開蔡州前夕，文忠公特地向一年來保持密切往來的道士們道別，壺公觀有個道士叫劉道淵，與文忠公同年出生，告別的時候，文忠公送給他一領道服作爲留念。

二十二年以後，還有人看見這位八十七歲高齡的老道士，仍然穿著這件補了又補細布單衣道袍，他逢人便說：「這是已故蔡州知州歐陽永叔送給我的，二十多年來，我一直穿著它，破了就縫補，卻從來沒有弄髒了而漿洗」，蘇轍聽到這個消息以後，感慨萬千，賦「蔡州壺公觀劉道士」詩：

思潁求歸今幾時？布衣猶在老劉師，
龍章舊有世人識，蟬蛻惟應野老知。
昔蔡衣冠今在否，近傳昔問不須疑。
曾聞圯上逢黃后，久矣留侯不見欺。

這是元祐八年（一〇九三年）七月的事情，蘇轍在朝做官，聽朋友曹渙漫談赴京途中見聞，說到蔡州老道士劉道淵的故事，他慨然興嘆，感懷蔡州各界人士對文忠公的深情眷念。

十二、潁州的「西湖書院」及「會老堂」（續附圖廿三、廿四、廿

五、廿六、廿八、廿九、卅、卅一、卅二）

1.八次到潁州安家潁州

A.初遇潁州

歐陽修初到潁州時間，正史不見記載。據劉德清「歐陽修，結緣潁州」說：「修當年貶知滁州，途經這裏（指潁州）」推測，第一次到潁州時間應在北宋仁宗慶曆五年（公元一〇四五年）深秋，當時，歐陽修從定州望都縣（今屬河北）出發，至十月二十二日到達滁州。在到達滁州之前的某一天，三十九歲，風華正茂的歐陽修路過潁州，而且初到潁州就遇到一段奇緣。據趙令時「侯鯖錄」卷一云：「歐公閑居汝陰時，一（歌）妓甚潁，文忠公歌詞盡記之，筵上戲約，他年當來作守，後數年，公自維揚果移汝陰，其人已不復見矣。」後來歐陽修與同僚共飲西湖之畔，並種植瑞蓮，栽種黃楊，繼而題詩助興，想起當年之約已成空談，嘆曰：平湖十頃碧琉璃，四面清蔭乍合時，柳絮已將春去遠，海棠應恨我來遲。啼禽似與游人語，明月閑撐野艇隨。每到最佳堪樂處，卻思君共把蘇卮。四十三年後，蘇軾出知潁州，見詩笑曰：「這是杜牧『綠葉成蔭』，那樣的詩句啊！」相傳晚唐詩人杜牧做宣州幕僚時，在出遊湖州（今屬浙江）途中，愛上一名女子。十四年後，當他出任湖州刺史尋訪這位女子時，方知該女早已出嫁並已生兒育女，杜牧悵然賦詩曰：「自是尋春去較遲，不須惆悵怨芳時。狂風落盡深紅色，綠葉成蔭子滿枝。」蘇軾所笑，正是歐陽詩中含有「綠葉成蔭」的意思。但劉說和趙說在時間上不甚吻合，這種傳說未必就可全信了。

B.權知潁州府

歐陽修第二次到潁州是在北宋仁宗皇祐元年（公元一〇四九年）。因在揚州任上「目疾爲苦」，自請改知潁州以「求潁自便」。不管他當時出於什麼原因和目的自請潁州，歷史的年輪已把他刻進了潁州的編年史，這一年，他四十三歲。自當年二月十三日再次踏上潁州這塊熱土，到次年七月一日改知應天府（今河南商丘），他這次任潁州共一年零四月，其中留下許多鮮爲人知的美談。

一是舉家遷潁。歐陽修一生仕宦飄零於京洛楚淮三河之間，所到之處，孫男弟女必舉家隨遷。特別是這次到潁任職，他那六十九歲高齡，身體一向多病的老母攜兒孫一同前往，因旅途勞頓，到七月間，就病倒了。從歐陽修給好友杜衍的兩封書簡中，可知歐陽修此時的心境。其一曰：「孟秋猶熱，……慈母垂老，羸病厭厭，身世若斯，國恩未報，每以自念，慨然興嘆。」當時，潁州的醫療條件很差，甚至連個像樣的郎中和中藥舖子一時都難以找到，致使母病一直拖到冬季才有好轉。因此，另一封書簡曰：「自秋以來，老母臥病，郡既僻小，絕無醫藥，逮冬至之後，方得漸安。」此時的歐陽修，既要處理州府政事，又要調理醫治母病，眞是忠孝難以兩全啊！看看滿頭銀髮年近七旬的老母，想想自己的處境，歐陽修感嘆世事變遷，有「夢中作」一首：「夜涼吹笛千山月，路暗迷人百種花，棋罷不知人世換，酒闌無奈恩客家。」「棋罷」一句說的是晉時王質入山採樵，見二童子對奕，便置斧旁觀。童子給王質一個棗核似的東西含在嘴內，不覺饑餓，一盤棋下完，童子催歸，王質一看，自己的斧柄已經腐爛。歐陽修借此喻光陰飛逝，滄海變成桑田，充分表達他當時一種曲折而複雜感慨之情。這一年最小的兒子歐陽辯（字季默）在潁州出生，乳名「和尚」。

二是賦詩贊潁，當時的潁州府，據史書記載，不算名都望郡。但此地農業開發較早，水路交通便捷，加上土質肥沃，氣候溫和，物產豐富，民風淳樸，平日內夜不閉戶，道不拾遺，好一派安閑靜謐，自給自足的田園風光。再加上城西北方圓十餘里的潁州西湖與泉河相交匯，像一汪明鏡，鑲嵌在潁州大地上，成為當時方圓二百公里範圍內一處絕佳的自然景觀。歐陽修一生走過許多地方，也留下了許多贊美當地自然風光的詩詞文章，但像他這樣以「采桑子」十三首，前十首都以一個「好」字總的唱起，如「輕舟短棹西湖好」，「群芳過後西湖好」，聯章歌詠潁州西湖景物風光的「浣溪沙」詞，讀來清麗自然又餘味不絕。其一曰：「堤上遊人逐畫船，柏堤春水四垂天，綠楊樓外出秋千。白髮戴花君莫笑，六么催相盞頻傳，人生何處似樽前！」又一曰：「湖上株橋響畫輪，溶溶春水浸春雲，碧琉璃滑淨無塵。當路游絲縈醉客，隔花啼鳥喚行人，日斜歸去奈何春。」這兩首小詞，即景寫情，生動地描繪出西湖明媚秀麗的春景和眾多遊人的歡樂，船湖橋水，花鳥雲天盡入畫中，表現出一種獨特的風神之美。

三是萌生留潁之意。潁州方便的交通，淳樸的民風，富饒的物產，溫和的氣候，深深地吸引著歐陽修。經過一段時間的觀察、思考與比對後，他遂萌發將潁州作為退休後定居和終老的故地。他在「思潁詩後序」中說：「皇祐元年春，予自廣陵得請來潁，愛其民諄訟簡而物產美，土厚水甘而風氣和，于時慨然已有終焉之意也。」他是這樣說的，也是這樣做的。此後若干年，他多次因故途經潁州，把潁州作爲自己的「藏拙」、「藏縮」、「歸計」之地。有一次，他請求皇上批准他距離潁州較近的壽州任職，目的就是「惟壽近潁，亦便歸計爾」。特別是晚年，他連篇累牘多次上書要求提前退休歸隱潁州，並在潁州購置土地田產，益房增屋，添置家什，而且把三個兒子的家都安在潁州，以便於將來歸老之後有所依托。清，趙宏恩「江南通志」云：「歐陽」辯，字季默，修三少子。子瞻「蘇軾」在潁詩云：「風流猶存有三歐」。蓋指伯和「歐陽修長子歐陽發」、叔弼「三子歐陽棐」、季默「四子歐陽辯」也，兄弟俱家於潁。

C.歸潁守喪

仁宗皇祐四年（公元一〇五二年）三月十七日歐陽母親鄭氏夫人在南京（今河南商丘）官邸病逝，享年七十二歲。當時，歐陽修爲龍圖閣學士，吏部郎中，留守南京。因爲人磊落，辦事公平，民間俚語稱之爲「照天蠟燭」。宋仁宗正要召他返朝任職，卻正碰上其母病逝。宋朝規定：朝廷官員父母去世，需除服守喪三年。歐陽修是出名的孝子，這時的他一點也不敢怠慢，急忙交代府司事務，擁撫母柩趕回潁州守制。這是他第三次，而且是最長的一次踏上潁州土地。

歐陽修對母親的感情十分深厚，對因醫療條件太差未能及時治癒母疾十分內疚。這在他日後於京師遇見當朝名醫潘景溫，相見恨晚的詩句中可以充分感受到。他在「贈潘景溫叟」的詩中說：「相逢京洛下，使我驚且嗟。七年慈母病，庸工口伊啞，恨不早見君，以乞壺中砂。」當年遺憾今天只能以孝道來彌補。爲母親下葬之事，歐陽修眞是費盡了心機，事無巨細，忙碌而又苦惱。到底安葬在哪？何時安葬？他用自己的話說：「大事惟此，固難容易」，原先，他想趁秋涼氣爽扶擁母喪南歸，與其父親合葬在一起。但因擔心誤了已經選好的日子，便將母柩暫時權厝在城郊鄉下的寺廟裏，等待明年南下。次年春天，考慮到子孫都居在此，爲爾後祭祀方便，遵照陰陽先生的說法和指點，在潁州城西四十里選一處棺地。但欲葬又止，最終還是不悖常理，將母喪南下故鄉與父合葬，以盡子孫之孝。就這樣，經過一年零四個月反覆思考，至皇祐五年（公元一〇五三年）七月十五日，歐陽修一行扶擁母柩由水路離潁南下歸葬，當年冬季由陸路返回潁州繼續守喪。次年（公元一〇五四年）五月，喪服期滿，復舊官，赴京師。

居喪期間，歐陽修在「水往陸還，奔馳勞苦」，身體十分羸弱的情況下，仍做了幾件十分有意義的事情。一是削繁就簡，整理蘇舜欽文集凡十五卷；二是作「集古錄目」八九十篇。「宋史・歐陽修傳」說：「修」好古嗜學，凡周漢以降金石遺文，繼編殘簡，一切掇拾，研稽異同，立說於左，的的可表證，謂之「集古錄」。在潁州，歐陽修考證金石銘文，糾正史傳訛謬，開創我國古代金石學之先河。三是刪定早年自編的「五代史」初稿，成七十四卷。他在給梅聖俞的信中說：「閑中不曾作文字。」只整頓了「五代史」，成七十八卷，不敢多令人知，深思吾兄一看。後來，幾位知己交友多次催他付梓成書。歐陽修因治學嚴謹，恐有訛誤，始終祕不示人，直到神宗熙寧五年（公元一〇七二年）八月十一日，即歐陽修病逝十九天，朝廷「詔潁州令歐陽修家上修所撰『五代史』」。「宋會要・崇儒五」就這樣，這部書才得以「私撰官刊」面世，此外居喪的歐陽修還拿出家傳舊物「七賢畫」，爲之作序並示兒孫瞻仰。早年歐陽修父親在蜀爲官，至清至廉，不治一物，去職後僅有絹一匹，畫爲「七賢圖」大幅。如今母親也去世了，歐陽修將父親的唯一遺物掛在牆上教育子孫，其清廉敦厚的治家風範可見一斑。

D.奔潁悼友

英宗治平元年（公元一〇六四年）七月二十八日，王回在潁州病逝，享年四十三歲。王回字深甫，祖籍福建侯官（今福州）人，徙居潁州，是宰相曾公亮的外甥。嘉祐年間進士及第後，任命爲亳州衛眞縣主簿，稱病不赴任，辭官歸隱，退居潁州。他治學以歐陽修爲楷模，對史傳姓氏之書尤爲精通。歐陽修皇祐年間編撰「歐陽氏譜圖」，嘉祐年間考訂「集古錄」，以及撰寫「新五代史」，編纂「新唐書」等，常常折節下問。如皇祐二年（公元一〇五〇年），歐陽修「與王深甫論州譜帖」曰：「惠借顏氏譜，得見一二大幸。前世常多亂喪，而士大夫之世譜，未嘗絕也。自五代迄今，家家亡之，由士不自重禮俗苟簡之使然，雖使人自求其家，猶不可得。」書中歐陽修開了他對士族譜的觀點，得出時下譜牒所以絕亡，不能爲繼，不怪他人，「由士不自重禮俗苟簡之使然」的結論。信中，歐陽修還深情地告訴王回，「昨日大熱，艱于檢尋。」做學問眞不容易啊！師友情誼，溢于言表。後來歐陽修雖職位上升了，但薦賢舉能的熱忱毫無減退。入植樞密院不久，他上奏舉薦王回，稱贊他「學術純固，論議精明，尤通史傳姓氏之書，可備顧問」。他保舉王回召試館職，聲稱日後行爲若與薦舉不符，甘願同罪受罰。正當朝廷剛剛頒發王回的任官敕命，決定起用此人的時候，卻傳來王回溘然去世的噩耗，歐陽修哀悼不已，決定親赴潁州送葬。他在「祭王深甫文」中寫道：「念昔居潁，我壯而子方年少，今我老矣，來歸而送子于泉。」白髮人送黑髮人，此情此景，歐陽修痛惜英才早逝之心昭如日月。這次奔喪，是歐陽修至和元年（公元一〇五四年）喪服期滿離潁赴京十年後首次返潁，也是一生之中第四次到達潁州府。

E.假道潁州

歐陽修在京城爲官十餘年，以輔弼大臣身份躬於政事，雖殫精竭慮，不敢稍有怠疏，仍避免不了朝廷上下爾虞我詐的世態炎涼。先是以韓琦和他爲首的「中書派」與以司馬光爲首的「台諫派」發動「濮議」之爭而獲罪一批朝廷大臣；而後又因「帷薄案」事連長媳吳氏而遭人誣告；監察御史劉庠則預以「紫袍」事劾奏，說他「服（紫袍）于大喪（英宗喪禮）之中，尤傷禮教」。如此等等，在不同程度上離間了他與皇帝之關係。連遭不測的歐陽修，失去了在朝爲官的信心，決心離開朝廷，遠走郡縣，于是連上三表，懇請出知外郡。英宗四年（公元一〇六七年）三月二十四日，歐陽修罷參知政事，除觀文殿學士，轉刑部尚書，出知亳州。閏三月三日，樞密院頒發歐陽修統轄亳州戍兵軍令。他便立即辭別神宗，要求繞道過潁少留，得到了皇帝的恩准。這是歐陽修一生之中第五次到潁州。

關於這次赴潁的原因，他在給曾鞏的信中說：「某昨假道於潁者，本以歸休之計，初未有涯，故須躬往。……所以少留者，蓋避五月上官，未能免俗爾。」北宋民俗，五月是「惡月」，民間多有禁忌，有「大齋」，驅邪、逐疫、放生等習俗。宋代士大夫又迷信當以火德王天下，正月、五月、九月恰是火德生、壯老的月份，因此迴避在這期間上任，對歐陽修來說，也很自然。在此期間，歐陽修不甘寂寞，一度外出遊歷週邊，調養身心，于當年五月間第六次到潁州，留下「再至汝陰三絕」詩，其一曰：「黃栗留鳴桑葚美，紫英桃熟麥風涼，朱輪昔愧無遺愛，白首重來似故鄉。」表達了飽經憂患之後，遊子歸鄉的思念之情。

這兩次回來，其中一件要事，就是在潁擴建房屋，謀營歸休之計。他家舊宅，地勢環境俱佳，喧靜適中，週圍還有一些空地。他親自查看，改建擴大，刷新增廣，以備日後安身落戶之用。待事情稍有起色，五月三日，他又應當時潁州知府陸經之請，將皇祐三年（公元一〇五〇年）離開潁州後所寫的十三首「思潁詩」，刻石樹立在州署，並撰寫「思潁詩後序」，表達了「其思潁之念，未嘗少忘於心」，「思潁之作，以見拳拳於潁者，非一日也」的眞切感受。

治平四年（公元一〇六七年）五月二十五日，歐陽修啓程離潁赴亳，次年八月改知青州（治今山東益都），第三年七月三日又改知蔡州（治今河南汝南）。至蔡州，離歐陽修日夜想往的歸老之地——潁州，已是近在咫尺，而且，這是一個條件相對優越的古郡，有利於自己養病保身。這年八月，歐陽修啓程赴蔡，途經潁州時，他以「足疾」爲由，在此留滯了一個多月。九月七日，歐陽修在潁州將亳州及青州任上吟誦的十七首「思潁」詩編纂成「續思潁詩」，並作了序言。同一天，改號「醉翁」及「六一居士」。寫作「六一居士傳」自明心志，是歐陽修晚年生活的表白，流露了作者求退心切的內心世界。九月二十七日，歐陽修離潁達蔡。此次假道留滯，也是他一生之中第七次到達潁州。

F.定居潁州

神宗熙寧四年（公元一〇七一年），在歐陽修連上三表二扎反履向朝廷表明決意退休歸隱的心跡以後，終於在六月十七日等來了朝廷批准他以觀文殿學士，太子少師帶職致仕的敕告。歸心似箭的歐陽修這時一切行裝都早已打點完畢，正要啓程，無奈「適值久雨，積水爲阻」，耽擱了三五天。七月四日，歐陽修率全家老幼一路風塵僕僕抵達潁州，像一隻飛出牢籠的小鳥，開始了他夢寐以求朝思暮想的退休生活。

歐陽修，祖籍江西永豐，生於四川綿陽，一生爲官，或在朝，或在外，足跡遍及大半個中國，遊歷過不少顯都望郡，名山大川，爲何偏偏把潁州作爲自己終老之地，第二故鄉？他與潁州的情結是怎樣形成的？據現有資料分析：一是這裏當時氣候溫和，四季分明，雨水充沛，有非常適宜的人居環境，符合歐陽修本來就非常羸弱，未老先衰的身體條件。「宋史・歐陽修傳」記載：當年四十八歲的歐陽修，守完母喪回京赴任時，覲見仁宗，「帝見其髮白，問勞甚至」。正值壯年的他身體尚且如此，加之日後又逐步患上了眼疾、足疾、喘疾、渴淋、風眩等病症，將來找個氣候適宜，環境較好的地方養老，潁州首當其選。二是這裏土地肥沃，物產豐富，民風淳樸，交通方便，而且距開封不遠。特別是水路，北上可溯達京師，南下則通達淮河長江，直達江西老家。親朋故舊借此可以常來聚會，皇帝召見也可很快到達身邊，以豐富晚年的退休生活。三是他對美麗的西湖風光情有獨鍾。早在皇祐二年（公芫一〇五〇年）他知潁州府時，就深情地詠出「西湖煙水如我家」的佳句。他寫「采桑子」十三首，連用十個「好」字贊美西湖。他在「西湖戲作示同遊者」詩中詠道：「菡萏香清畫舸浮，使君不復憶揚州？都將二十四橋月，換得西湖十頃秋。」他以爲接天映日的潁州西湖荷花，比較起享負盛名的揚州瘦西湖「二十四橋明月夜」，毫不遜色。他認爲「人事從來無定處，世途多故踐言難」，但如今「誰爲潁水閑居士，十頃七湖一釣竿」。正是這種發自內心深處的西湖情結，最終使他選擇了潁州。

歐陽修公元一〇七一年七月四日定居潁州，公元七二年七月二十三日病逝潁州，退休歸隱時間之短，不僅令本人始料不及，也大大出乎他的親朋友好意料之外，就連神宗皇帝聞訊也感到震驚。這對於退休之後想安度晚年，享受田園風光和天倫之樂的歐陽修來說，不能不說是一大遺憾。儘管如此，在短暫的一年零十九天的日子裏，歐陽修抱著病體於平淡之中，仍給後人留下一筆筆寶貴的精神財富，先是勞於家計，不失長者風範，雖然早就做好了歸隱的準備，「族大費廣，頗以勞心」，一切皆按計劃有條不紊地進行著，「惟當營舍，久而儀了」。房屋擴建工程沒有完成，只得暫時寄宿別處，可是歐陽修沒有怪大家，「處處怡然，不以爲意」（蘇轍語），甘心情願地做一個「人間無事」的「閑人」。這期間，朝廷舉行了難得一遇的明堂祭祀大典，召他前去參加，也被他以體弱爲由上章乞免，婉言謝絕了。他平日家居，素食淡飯，羽衣道服，在答贈郃必的詩中說：「欲知潁上新居士，即是滁山歸醉翁」。再是勤於筆耕，不斷創新。退休賦閑之中，歐陽修不斷有詩書往來，回顧仕途不易，感嘆世事滄桑，暢閑居心情，別有一番滋味。於是，翻撿舊闋，寫以新聲，詠唱千年不衰的「采桑子」

詞十三首得以問世。另外，他還著手整理平時積累下來的一些文壇掌故和詩人軼事、文品和詩評等，並將自己關於詩歌創作的理論觀點闡述其中，博采衆聞，評古論今，「以資閑談」，遂成「詩話」。在當時，此書獨樹一幟，開創了詩歌理論著述的新體裁。與此同時，他嘔心瀝血費時一年零兩個月，與兒子們一起編纂自己一生得意之作「居士集」五十卷，爲後人留下最珍貴的精神食糧。

G. 蘇軾蘇轍兄弟拜謁恩師

歐陽修退休潁州閑居期間，最值得一提的是蘇軾，蘇轍兄弟二於當年九月下旬赴杭州途中假道前拜謁恩師，師生相見，游湖蕩舟，飲酒賦詩，調侃戲謔，喜形於色。這時他雖以病體會高朋，但精神格外振奮，滿面紅光，鶴髮銀鬚，十分健談。蘇軾「陪歐陽公燕西湖」詩詠唱道：「謂公方壯鬚似雪，謂公已老光浮頰。朅來湖上飲美酒，醉後劇談猶激烈」。蘇軾在詩中還寫道：「挿花起舞爲公壽，公言百歲如風狂」。當蘇軾抹來鮮花爲恩師祝壽時，酒後的歐陽修竟放言能活到一百歲。近一個月愉快的相聚很快結束，十月間，蘇軾告别歐陽修和蘇轍，赴杭州通判任。至此，北宋三位文章大家，在潁州西湖之畔團聚，文酒相歡，詩詞唱和，在中國文學史留下一段可資永談的歷史佳話。

這年閏七月，歐陽修再次發病。他自知生命的歷程行將終結，自己將不久於人世，便在病榻上執筆寫了生平最後一首詩歌「絕句」：「冷雨漲焦坡，人去坡寂寞。惟有霜前花，鮮鮮對高閣」。焦坡在潁州城西南四十里，是西湖一條重要支流，也是人們理想的遊覽勝地，歐陽修十分喜愛這裏的景色，便將自己一生最後的筆墨，潑灑在潁州這塊難忘的土地上。

H.病逝潁州

神宗熙寧五年（公元一〇七二年）閏七月二十三日，歐陽修病逝於潁州西湖之畔私宅之中，享年六十六歲。

2.會老堂

會老堂位於阜城西北大約三公里，潁泉區泉潁辦事處的亭子村，阜陽生態園（西湖遺址）的西南側。

會老堂是一代文宗歐陽修與好友趙槩相會宴樂的地方。當初，歐陽修與趙槩同府爲官，曾約退政後，再相會。及告老，趙槩自南京（今河南商丘）赴潁州訪歐陽修，月餘方離潁。知州呂公著在六一堂西側專建此堂接待。歐、趙、呂會聚此堂，宴飲賦詩，故題名「會老堂」。次年，歐陽修便終老西湖寓所。歐、趙此次「會老堂」相會是轟動一時佳話，歐陽修當時心情很激動，寫了「會老堂致語」、「會老堂」、「叔平少師去後」、「會老堂獨倣偶成」等多首詩詞記述這次盛會。「金馬玉堂三學士，清風明月兩閑人」已成爲流傳千古的佳句。此後文人墨客作詩賦詞題詠「會老堂」佳作。

「會老堂」建於宋神宗熙寧五年（一〇七二年），爲磚木結構，明三暗五間，梁仿雕刻精緻，構圖古樸美觀。堂內兩月門，題額曰：「景賢」、「尚友」。堂內中部設神龕，立歐陽修石刻像碑，碑上有乾隆題詩和晁悅之。李叔端題字。堂前壁鑲有石碑四方，刻有歐陽修，呂公著，趙槩等人的詩文。保留有明、清代修湖建祠的碑記四塊，分別記述歷史上歐陽公祠，西湖書院的情況。堂內有明朝時期碑記兩方，都是斷裂的。系「文革」砸爛後村人又補上的，院內有碑記兩篇，也遭到不同程度的破壞，惟有歐陽修石碑像完好無損。歐陽修去世後，其四子辯留居西湖濱繁衍生息，「會老堂」被視爲宗祠爲其後人加以保護，如今歐陽氏家族已發展爲三百餘戶人家。

會老堂在歷史上有過七次維修。第一次爲明英宗正統四年（一四三九年）。第二次爲明世宗嘉靖二十六年（一五四七年），第三次爲清康熙三十年（一六九一年）。第四次爲乾隆五年（一七四〇年）。第五次爲公元一九四六年至一九四七年。第六次爲一九八五年。第七次爲一九九二年。

一代文宗歐陽修一生對潁州獨有情鍾，僅作思潁詩文即達三十餘首，潁州是歐陽修精心選擇的退居終老之地，被其視爲「第二故鄉」，「朱輪昔漸無遺愛，自首重來似故鄉」（重過汝陰詩）道出他對潁州的特殊情感。「會老堂」亦因歐陽修及歐、趙相會而名揚天下，成爲安徽省乃至中國文化史上一處重要的人文景觀，更是阜陽歷史文化遺產核心與精華的重要組成部份，是歷史永脈的一處高光亮點。此建築雖不宏偉，後人卻把他當作景仰賢達，崇尚友善的標誌，成爲遊覽西湖必去之處。

二〇〇四年三月二十日，「合肥晚報」安徽新聞版刊載「一代文豪歐陽修曾在阜陽爲官數年——古跡會老堂如今幾近倒塌」的報導。離休老幹部陶松林看了這一文章，心確是難以平靜，於三月二十三日給省長寫信，建議搶救這一安徽難能可貴的古跡，以救救文物。省長王金山三月二十五日批示：「請省文物局商請劉慶強同志，設法妥處，搶救文物。」現阜陽市政府，潁泉區政府很重視，省、市文物部門和阜陽生態園已修復竣工，二〇〇六年五月一日開館，室內陳列文物遺跡逐步完善，現籌辦千年誕辰紀念活動。

詳附圖：廿七、廿八、廿九、卅、卅一、卅二

3.阜陽生態園（附圖廿五、廿六）

阜陽生態園坐落在阜陽城西北城鄉結合部，古潁州西湖遺址，歐陽修「會老堂」北側，係農業結構調整，改造治理泉河窪地而建。景區佔地一一〇七畝，一期工程二〇〇一年七月動工，二〇〇二年五月一日開園；二期工程二〇〇三年三月開始擴建，二〇〇四年五月一日對外開放。

生態園由十四部分組成。東南部有果樹種植示範區，主要有葡萄園、梨園、桃園、石榴園、柿園、蘋果園、棗園、斑竹園和桂花樹、香樟、琵琶樹、銀杏等稀有樹種；中部爲水上樂園和垂釣中心，養有日本錦鯉、斑點叉尾鮰、銀鯽等珍稀魚類；北部爲動物園，有斑馬、天鵝、海鷗、孔雀、火烈鳥、鴛鴦、獼猴、駱駝、牦牛、梅花鹿、鴕鳥、黑熊、棕熊、金剛鸚鵡等八十餘種名貴動物；中北部爲文化園、高爾夫球練習場、農業科技示範園；西北部爲五牛園和盆景園；西部爲熱帶植物園，引進二十多個國家和地區的珍貴樹木，其中佛肚樹，加拿利海棗、盤根榕樹等最爲名貴，美麗異木棉爲阿根廷國花；西南部爲恐龍園，主要展示霸王龍、暴龍、長頸鹿等；中南部爲大型遊樂園，是遊客活動的好天地。

生態園建園風格獨特，以「高品味、生態性、知識性、趣味性」爲建設原則，集「農業示範、生態教育、休閑娛樂」等功能爲一體。這裏環境優雅，風景秀麗，將歐陽修「願將二十四橋月，換取西

湖十傾秋」的傳世佳句描述的勝景重新展現給世人，在這裏可看、可賞、可吃、可玩、可樂，是人與自然交流對話的最佳場所。

十三、歐墳煙雨滄桑史（續前）

1. 溯祖尋根

禮爲溯祖尋根，在兩岸政府未開放大陸探親前，在美日各大圖書館獲得歐陽氏六宗通譜影印本資料。七十八年（一九八九年）五月十七日首次大陸之行返湖南平江故里探親並與瀋陽堂舅吳鐵鳴取得聯絡，獲悉瀋陽市圖書館珍藏有歐陽氏六宗通譜原本，並獲悉先祖文忠公墓葬河南新鄭，在文化大革命時嚴重破壞，乃于七十九年（一九九〇年）八月廿一日大陸之行首途北京，廿七日至瀋陽，次日至遼寧圖書館由韓錫鋒先生引導至珍藏室參閱歐陽氏安福府六宗通譜，該館係原張學良將軍故居。八月三十一日堂舅電介新任河南省長李長春自瀋陽乘機飛鄭州，九月一日由河南省對台工作辦事處派陳德才先生接待，首至新鄭政協文史資料委員會參閱新鄭歐陽氏族譜，再至文物管理所由薛文燦先生陪同參觀文忠公墓園在中共文革時期損毀遺留之墓碑，然後至歐陽寺村墓園，由村長歐陽永乾陪同村中族人五百餘人致祭文忠公及薛太夫人與諸位先祖墓（附照片十幅卅二至四十一）拜祭墓地後，環顧四週，殘破荒蕪，觸目驚心，悲憤感慨，爲抛磚引玉捐助美金伍佰元，作爲祭祀奠儀，當衆交與歐陽寺村長歐陽永乾，希望先將殘斷碑碣整建，並首先于墓園內種植樹木。

2. 修復經過

七十九年（一九九〇年）五月新鄭政協委員會在公墓祠前重豎石碑，上書「宋太師歐陽文忠公之墓」，碑陰刻蘇文定公撰神道碑文，文後另書「歐陽修墓祠」，歷經損壞，爲銘記一代文宗，弘揚民族文化，今復刻此碑以勵後人。

八十年（一九九一年）三月廿六日新鄭縣採民辦公助辦法成立墓園修復委員會，發表修復歐陽修陵園倡議書（附後）並委台北市宗親會理事長歐陽榮宜及禮爲名譽理事長，由新鄭地方首長爲理事長，擬定修復方案，進行修復工程，禮奉到倡議書後，連絡台北高雄金門各地宗親理事會，並於八十年（一九九一年）六月二日於台北聯合報大陸新聞第九版發佈歐陽修後人籌款修墓園（文附後）。因台灣金門兩地族人多係大陸來台軍公教人員，每人收入有限，兩地宗親會響應僅募得美金伍仟餘元，依斯時設計全部估計需人民幣壹百陸拾萬元，以四年時間依經費籌募狀況，分五期施工，當時大陸人民所得偏低，且年來河南安徽江蘇三省，水旱頻仍，捐助不多。河南沈邱大歐營族人輯修族譜（由禮捐助美金貳佰元在南京親交歐陽光並在族譜內註明），並捐贈柏樹四百餘株，種植園中，由歐陽寺族人負責澆護管理。斯時將文忠公子孫墓，按舊址封塚立碑，政府公告裔孫護理墳墓盡職，不許侵佔，否則告發深究處理。

修復歐陽修陵園倡議書

同胞們：

歐陽修是北宋傑出的文學家、史學家、金石學家和政治家。字永叔，號醉翁，晚年號「六一」居士，廬陵（今江西永豐）人。景德四年（公元一〇〇七）生，熙寧五年（公元一〇七二）閏七月二十三日卒於潁州（今安徽阜陽）私邸，享年六十六歲，贈太子太師，謚文忠，追封兗國公。熙寧八年九月二十六日賜葬於河南省新鄭縣旌鄉劉莊（今新鄭縣辛店鄉歐陽村）。

歐陽修的一生使後人最爲懷念的是他的文學和史學成就。著有《歐陽文忠集》一百五十三卷，附錄五卷，爲國家珍藏。他的文學作品以平易曉暢、委婉多姿的獨特風格及較高的藝術造詣震驚當時文壇，在社會上產生了廣泛的影響。他被列爲「唐宋古文八大家」之一。他積極倡導古文運動，使日趨衰落的中唐古文運動又得以振興、發展，爲北宋文學革新運動做出了卓越貢獻，因而被譽爲北宋古文運動的領袖。他爲了反對「論卑氣弱」的時文和風靡宋初詩壇的「西昆體」，曾大力提拔和獎掖後學晚輩。著名的古文家蘇洵父子、曾鞏、王安石等都出自他門下。

歐陽修的詩、詞亦著稱於世。他的《六一詩話》開創了「詩話」新體裁，對後世詩歌理論的發展提供了一個新模式；他的《歸田錄》獨闢蹊徑，爲宋元明清的筆記、隨筆、小品寫作產生了重大影響。

歐陽修在史學上也有自己的建樹。他撰寫的《新唐書》紀、志、表，增加了新的史料，有所創新。他自撰的《新五代史》七十四卷，各個部分體例嚴謹，文字簡潔，立意鮮明，在衆多的舊史中是一部有較高價值的史書。

歐陽修收集金石銘文撰成的《集古錄》對於我國金石學的產生、發展有著開闢之功，爲我國現存著錄金石最早的專著，亦爲我國金石學之始。

歐陽修不僅在學術上成就昭著，而且在政治上政績顯赫。他二十四歲考取進士，入朝爲館閣校勘，後累官至樞密副使、參知政事，爲政清廉。三十歲時所寫的《與高司諫書》充分顯露了他政治上的遠見和膽識，曾轟動朝野。慶曆新政前後，他積極參與和鼓動范仲淹的政治革新運動，大膽揭露時弊，並不避群邪切齒之禍，敢冒一人難犯之顏，勇敢地駁斥守舊勢力，充分體現他「任賢使能、節用愛農、均財省兵」的政治主張。他仕宦四十年，世路坎坷，幾上幾下，雖頓遭困躓，竄斥流離，但果敢之正氣，剛正之節操，仍顯現於世。他的高貴品質是值得我們及後人頌念的。

歐陽修陵園故址近二十畝，坐落在歐陽寺村北。它北依崗阜，南臨溝溪，碑石林立，古柏參天，郁郁蔥蔥，如煙似雨，是新鄭八景之一——「歐墳煙雨」。陵園中心建有莊嚴肅穆的祠堂，文忠公之墓居於祠堂之後，左有及人薛氏墓。公墓東西兩側是其四子發、奕、棐、辯之墓，另有其孫愻、愬之墓。月臺前面有翁仲等石刻造像，東、西廂房是官廳、客廳。大門後樓面建有閃屏，屏後矗立著「宋太師歐陽文忠公之墓」碑。陵園西南二百米處是歐陽寺舊址，約五畝許，現存大殿三間。寺西二十米處是文忠公祖母李氏吳國太夫人之墓，其前面尚存青磚藍與拜殿三間。但陵園歷經滄桑，年久失修，已失去原有之景象。

爲了弘揚民族文化，恢復和維護祖國文化遺產，促進海峽兩岸文化交流；爲了銘記一代文宗，緬懷文忠公之精神。我會在政府領導下利用民辦公助的方法，分期分批地修復歐陽修陵園，擬爭恢復陵園昔日之景觀。

同胞們：修復陵園是我們責無旁貸的歷史重任。我們熱誠地希望各界人士有錢出錢，有力出力，有智獻智，有物獻物，盡職盡責，修復陵園，以告慰歐陽文忠公在天之靈，使我們的子孫後代永遠銘記這位歷史名人，亦使其史績照耀千秋！

歐陽修陵園修復理事會

一九九一年三月二十六日

歐陽修後人籌款修墓園（台北聯合日報載）

【台北訊】中國唐宋八大家之一、北宋大儒歐陽修後人計畫爲祖先整修墓園。

歐陽修的作品如「醉翁亭記」、「秋聲賦」、「縱囚記」等，高中學生應耳熟能詳。其陵墓位於河南新鄭縣辛店鄉歐陽寺村，陵園故址近廿畝，風景幽美，原是新鄭八景之一「歐墳煙雨」。但「文革」時全部被摧毀，如今墓地荒煙野蔓荊棘遍布。

歐陽修後人計畫以四年時間，分五期施工，修復整個墓園，估計需花費一百多萬元人民幣。由於僅靠族人無法籌得所有經費，因此成立「歐陽修陵墓修復理事會」，向四方募集經費。該理事會表示，希望台灣民衆也能響應此項活動，好早日恢復一代大儒陵園風貌。

3. 修復經過

八十一年（一九九二年）六月爲修復文忠公墓園事，禮先後後函河南省長李長春先生及鄭州市長北京國家文物管理局，並附歐陽文忠公墓園概況，李省長批示：「歐陽修是歷史名人，民辦公助方式修復其墓是必要的。」河南省文物局撥來專款及新鄭地方政府贊助與族人集資，九月廿四日奠基興工，八十三年（一九九四年）九月十一日配合新鄭縣撤縣改市慶典活動正殿完工揭幕。

4. 陵園建築完成後概況

墓園建築，沿中軸線依次為大門、歐陽祠堂（包含中殿與大殿）、墓園中殿與大殿，中間有東西配殿。大門外為八字牆，門西側有一對石猴，大門為簡單硬山式建築，面闊五米，進深五米，灰瓦頂，琉璃花脊，檐下有仿制斗拱，門兩側建歇山式配房各一間，大門上方歐陽中石敬題「歐陽文忠公陵園」。（續附圖四十二、四十三）

中殿大門前兩柱有楹聯為「六一居士文學史揚天下，歐墳煙雨嵐景貫長虹」。正中有橫匾「歐陽文忠公祠堂」，殿內設有宋太師歐陽文忠公之墓碑，牆內鑲嵌重新刻制的王安石、曾鞏、蘇軾、蘇轍祭歐陽文忠公碑刻。（續附圖四十三、四十四）

大殿大門前兩柱有楹聯為「一代文宗歐陽修道勝文自至，參知政事文忠公直諫持正義」，殿內設二高米神臺，置文忠公塑像一尊，上方懸橫匾由歐陽中石題「一代文宗」，座像後刻有文忠公撰「五代史伶官傳序」，殿內牆上繪有文忠公生平事跡圖，內容有「荻沙學書立志成才」、「良師益友談詩論文」、「痛斥高司諫千古傳佳篇」、「堅持正義被貶夷陵」、「直言敢諫同情人民」、「壯志未酬再度遭貶」、「寄情山水與民同樂」、「道德文章天下尊師」。（續附圖四十四、四十五、四十六、

四十七、四十八、四十九）

東配殿內陳列有蘇軾草書「醉翁亭記」碑刻二十二塊（續附圖五十）

西配殿內陳列有文忠公生平事跡圖片展（續附圖五十一）

文忠公陵園，祠堂（中殿大殿大門及東西配殿）墓園組成，南北長一一三米，寬九十七米，佔地一六、五畝，四週建有圍牆，祠堂前邊東西兩側各建六角亭一座，左爲醉翁亭，右爲豐樂亭，陵園內前後原有古柏古柿樹多株，後又增植松柏四百多株，並廣植花草，具有規模，整體莊嚴肅穆。陵園前區制作荻沙學畫沙盤西側，立有一九九一年以來海峽兩岸社會群衆集資碑十多通。（續附圖五十二）

陵園全部工程，自八十三年（一九九四年）九月十一日配合新鄭撤縣改市慶典活動，李長春省長重視民族文化古跡維護，新鄭地方人士竭力支持，至九十一年（二〇〇二年）始全部竣工。

陵園歷爲河南省級文物保護單位，二〇〇六年五月廿五日公佈升爲全國重點文物保護單位，新鄭市設「歐陽修陵園管理機構」，常年保護管理，免費開放接待遊人參觀。

每年農曆七月二十三日、十月十日，河南安徽江蘇各縣文忠公後裔，仍沿舊制集會祭拜。

5.墓園概況

（歐陽文忠公家族墓）

位於新鄭市城西辛后鎮歐陽村村。自宋熙寧八年（一〇七五年）歐陽文忠公葬此以來，陸續陪葬有祖母李氏、繼配第三夫人薛氏、長子發、次子奕、三子棐、四子辯、孫懋、愬等人。

歐陽文忠公墓，墓塚高約五米，周長十五米，墓前立有墓碑，上刻「宋太師歐陽文忠公之墓」（續附圖五十三）。

夫人薛氏墓與文忠公墓東西並排。墓塚高五米，周長十五米。墓前立有墓碑「宋安康郡太夫人薛氏之墓」。薛氏，歐陽文忠公繼配第三夫人，宋資政殿學士尙書戶部侍郎簡肅公薛奎之女，元祐四年（一〇八九年）八月卒于京師，十一月祔葬于文忠公墳墓。（續附圖五十四）

歐陽發墓在文忠公墓左次下，墓塚高二、五米，周長八米。宋時原立墓碑已倒圮，清宣統三年（一九一一年）重立墓碑一通。上楷書「宋承議郎歐陽公伯和行一之墓」。歐陽發（一〇四〇——一〇八六年），字伯和，文忠公長子，據張文潛撰墓誌銘載，官至承議郎，積勛輕車都尉。元祐四年（一〇八六年）卒，享年四十六歲。夫人吳氏，故丞相正獻公兗之女，封壽安縣居。元祐四年十一月葬於新鄭。（續附圖五十五）

歐陽奕墓和歐陽發墓並列，墓塚高二、五米，周長八米。宋代原立墓碑已倒圮，清宣統三年（一九一一年）重立墓碑一通，書「宋光祿寺丞歐陽公仲純行二之墓」，歐陽奕，字仲純，文忠公次子，官至光祿寺丞監陳州糧科院。歐陽奕爲人聰穎質敏，剛與豪爽，文忠公曾爲「誨學說」以勵其學。（續附圖五十六）

歐陽棐墓位于文忠公墓右次下，墓塚高二、五米，周長八米，宋時墓碑已倒圮，清宣統三年（一九一一年）復立墓碑一通，書「宋朝大夫歐陽公叔弼行三之墓」。歐陽棐，字叔弼，文忠公第三子。

慶歷七年（一〇四七年）生于滁州，政和三年（一一一三年）以疾卒於潁州私第，享年六十七歲。初蔭將士郎，任祕書省正字。累官朝請大夫、管勾南京鴻慶宮。宋人畢仲游（西台集）有「歐陽叔弼傳」，對歐陽棐之卓越文才贊不絕口，認爲其足以傳其家。（續附圖五十七）

歐陽辯墓在歐陽棐墓東，宋時墓碑已倒圮，清宣統三年（一九一一年）復立墓碑一通。歐陽辯，字季默，文忠公第四子。生於皇祐元年（一〇四九年），卒於崇寧元年（一一〇二年），享年五十三歲，官至承議郎，寶德所監澶州酒稅。（續附圖五十八）

歐陽愻，字誼伯，歐陽奕長子。初以祖蔭任祕書省校書郎，官至行政假承務郎，任陝州司參軍、秩滿，任齊州臨邑縣尉，紹聖元年（一〇九四年）卒於任上，享年卅歲。政和三年（一一一三年）四月葬於文忠公之墓。

歐陽愬，字元直，奕之次子。初以祖蔭授祕書省校書郎，歷瀛州防禦推官，後改宣義郎，知滁州朱陽縣事。秩滿再留任。崇寧四年（一一〇五年）六月卒於任所，享年卅四歲。于政和三年（一一一三年）四月葬於文忠公之墓。

文忠公祖母李氏墓位于文忠公墓西南方三〇〇米處，塚高約三米，周長五米。清道光丁亥年（一八二七年）立墓碑一塊，書「歐陽文忠公祖母吳國夫人李太夫人墓」。宋追封李氏吳國太夫人，一九二〇年于其墓前建享堂三間，門樓一間，四週圍以垣牆，並有相樹數株，享堂內修暖閣一龕，閣內設有文忠公祖父歐陽偃，祖母李氏，父歐陽觀、母鄭氏諸神碑。

6.重要文獻

A.韓琦祭少師歐陽公永叔文（安陽集文淵閣四庫全書本）

維熙寧五年，歲次壬子，某月某日，具官某謹遣三班奉職隨行李珪，以清酌庶羞之奠，致祭于少師永叔之靈：惟公之生，粹稟元精，偶聖而出，逢辰以亨。歷事三朝，翼登太平，大名既遂，大功既成。年未及老，深慮滿盈，連章得謝，潁第來寧。神當畀以福祿，天宜錫之壽齡，胡不憖遺，遽爾摧傾！此冥理莫得致詰，而天下爲之失聲。嗚呼哀哉！公之文章，獨步當世。子長、退之，偉贍閎肆，曠無擬倫，逮公始繼。自唐之衰，文弱無氣，降及五代，愈極頹敝。唯公振之，坐還醇粹，復古之功，在時莫二。公雖云亡，其傳益貴。譬如天衢，森布列緯，海內瞻仰，日高而熾。公之諫諍，務傾大忠。在慶曆初，職司帝聰，頗有必犯，闕無不縫。正路斯闢，姦萌輒攻，氣勁忘忤，行孤少同。於穆仁廟，誠推至公。孰好孰惡，是焉則從，善得盡納，治隨以隆。人畏清議，時知不容，各礪名節，恬乎處躬。二十年間，由公變風。公之功業，其大可記。屢殿藩垣，所至懷惠。嘗尹京邑，沛有餘地。早殘西掖，晚嘗內制。凡厥代言，典謨之懿；凡厥出令，風雷其勢。三代炳焉，公辭無媿。樞幄猷爲，台衡弼貳，撫御四夷，兵戈不試。整齊百度，官師咸治。服勞一心，定策二帝，中外以安，神人胥慰。不校讒言，懇求去位，公之進退，遠邁前賢。合既不苟，高惟戒顛，身雖公輔，志則林泉。七十致政，乃先五年。上惜其去，公祈益堅，卒遂其請，始終克全。嗚呼哀哉！余早接公，道同氣類，出處雖殊，趣向何異？暨忝宰司，日親高誼。可否明白，襟懷坦易，事貴窮理，言無飾僞。或不知公，因羅謗忌，青蠅好點，白璧奚累？嗚呼哀哉！自公還事，心慕神馳，徒憑翰墨，莫挹姿儀。公嘗顧我，惠以新詩，雖亟詶答，奈苦衰疲。欲復爲問，動已踰時，忽承訃音，且駭且悲。哀誠孰訴？肝膽幾墮。公之逝矣，世鮮余知，不如從公，焉用生爲？遐修薄薦，奠公一巵，魂兮有靈，其來監茲。尚饗！（《安陽集》卷四十四）

B.宋故推誠保德崇仁翊戴功臣觀文殿學士特進太子少師致仕上柱國樂安郡開國公食邑四千三百户食實封一千二百户贈太子大師文忠歐陽公墓誌銘並序。

匯南節度觀察處置等使，開府儀同三司守司徒兼校太師兼侍中判相州軍州事上柱國魏國公韓琦撰。

朝散大夫石諫議大夫充集賢院學士史館修撰權判尚書都省判祕閣提舉醴泉觀公事上護軍賜紫金魚袋宋敏求書。

翰林侍讀學士龍圖閣學士朝散大夫尚書吏部中郎知河陽軍州事兼管內勸農使上護軍賜紫金袋韓維題蓋。

熙寧五年閏七月二十三日，觀文殿學士、太子少師致仕歐陽公，薨於汝陰之私第，年六十六。上聞震驚，不視朝，贈公太子太師。卹後加賻，不與常比。天下正人節士，知公之亡，罔不駭然相弔，痛失依仰。其孤寺丞君，乃以樞密副使吳公所次功緒，並致治命，以墓銘爲請。竊惟當世能文之士，比比出公門下，不屬於彼，而獨以見屬，豈公素諒其愚，謂能直筆足信後世邪？此其致辭？公諱修，字永叔。唐太子率令詢四世孫琮；嘗爲吉州刺史。又八世生萬，復爲吉之安福令，子孫因家焉。曾祖諱郴，安福六世孫也。孝悌之行，鄉里師服，仕南唐爲武昌令，累贈太師、中書令。曾祖妣劉氏，追封楚國太夫人。祖諱偃，彊學善屬文，南唐時獻所爲文十餘萬言，試補南京衙院判官，累贈太師中書令兼尚書令。祖妣李氏，追封吳國太夫人。父諱觀，性至孝，力學，咸平中擢進士第，當官明而尚恕，每決重辟，尤加審謹，苟理有可脫，必平反之，終泰州軍事判官，累贈太師中書令兼尚書令，追封鄭國公。自公祖始徙居吉水，後吉水析爲永豐，今爲永豐人。公四歲而孤，母韓國太夫人鄭氏，守志不奪，家雖貧，力自營贍，教公爲學。公亦天資警絕，經目一覽，則能誦記，爲文下筆出人意表，及冠，聲聞卓然。天聖中舉進士，凡兩試國子監，一試禮部，皆爲第一。逮崇政試雖中甲科，人猶以不魁多士爲恨。初補西京留守推官，洛尹文康王公知非常才，歸薦於朝。景祐初召試，遷鎭南軍節度掌書記、館閣校勘。時文正范公權尹京邑，以直道自進，每因奏事，必陳時政得失，大忤宰相意，斥守饒州。諫官不敢言，公貽書責之，坐貶峽州夷陵令。余安道、伊師魯繼上書直范公，復被逐，當時天下以「四賢」稱之。俄徙光化軍乾德令，改武成軍節度判官。康定初召還，復館閣校勘，遷太子中允。預修《崇文總目》成，改集賢校理，同知太常禮院。請外補，通判滑州事。慶曆初，仁宗御天下久，周悉時弊，重以西師未解，思欲整齊衆治，以完太平，登進輔臣，必取人望，收用端鯁，以增諫員。公首被其選，擢太常丞，知諫院事，賜五品服，未幾，同修起居注。公素稟忠義，遭時遇主，自任言責，無所顧忌，橫身正路，風節凜然。時正獻杜公、文正范公，今司空富公，皆在二府，公每勸上乘間延見，推誠諮訪。上後開天章閣，屢召諸公，詢究治本，長策大議，稍稍施用，紀綱日舉，僥倖頓絕。小人始大不喜，相與巧詆，必期破壞，公常極力左右之。俄拜右正言、知制誥，賜三品服。大臣有建曰請廢麟州，徙其治於合河津，以省餽餉者，命公親往相視，使回奏曰：「麟州天險，正據要害，不可廢。第減其兵，駐並河諸堡，有警呼集，數舍之近爾。兵既減。糧自不乏。」詔從之。又奏：「忻、代州、岢嵐、火山軍並邊民田，始潘美爲帥，患虜時入寇，徙其民以空之，遂號禁地。自景德通好，我雖循舊，而虜人盜耕不已。請募民計頃出丁爲兵，量必租粟以耕之，歲可得數百萬斛，邊用給矣。不然，他日必盡爲虜人所有。」時幷帥恥謀不自己，沮撓久之，其後卒如公請。凡賦斂過重，民所不堪者，又奏罷十數事，疲俗以安。四年秋，北虜盛兵雲州，聲言西討。朝廷疑其有謀，議選文武材臣，密爲經畫。二府請輟公以往，即以公爲龍圖閣學士、河北都轉運使。公至，則區別官吏，使能者盡力，均徙財用，而邊計有餘。奏廣御河漕運，造鏁栿船以絕侵盜。置都作院於磁、相州，一道兵械，悉仰給焉。方條列北方利病，欲大爲措置，會文正范公與同時入輔者，終爲讒說所勝，相繼罷去，一時進用者，皆指之爲黨。公復慨然上書，極言論救。執政與其朋益怒，協力擠之。初，公有妹適張龜正。龜正亡，無子，妹挈前室所生孤女以歸，及笄，公爲選宗人晟以嫁之。會張氏以失行繫獄，言者乘此欲並中公，復捃張氏貲產事，遂興詔獄窮治。上爲命內臣監劾，卒辨其誣，猶降授知制誥、知滁州事。執政意不快，摭勘官與監劾內臣細故，皆被責。八年春，就改起居舍人、知揚州事。踰年，徙知潁州事。皇祐初，復龍圖閣直學士。二年秋，移知應天府兼南京留守司事，歷尚書禮部、吏部郎中，丁太夫人憂，去職。服除，入見，上怪公鬚髮盡白，惻然存撫，恩意甚厚，命判吏部流內銓。素忌公者恐將大用，乃僞爲公疏，請汰內臣，以激衆怒。有選人胡宗堯者，當引對改官。前任本州，嘗以官舟假人，已而經赦去官，止得循資。公與判南曹官，對日取旨，上欣然令改官。宦者楊永德密奏曰：「宗堯，翰林學士宿之子，有司援救之，私也。」遂出公知同州事。物論不平，上亟開悟，留公刊修《唐書》。俄入翰林爲學士、史館修撰、勾當三班院。至和二年夏，請郡，改侍讀學士、知蔡州事。留不行，復除翰林學士、判太常寺兼禮儀事，遷右諫議大夫。嘉祐三年夏，兼龍圖閣學士、權知開封府事。前尹孝肅包公以威嚴得名，都下震恐；而公動必循理，不求赫赫之譽。或以少風采爲言，公曰：「人材性各有短長，吾之長止於此，惡可勉其所短以徇人邪？」既而京師亦治。四年春，請罷府事，改給事中，充群牧使。《唐書》成，拜禮部侍郎，俄兼翰林侍讀學士。五年冬，以本官爲樞密副使。明年秋，參知政事。英宗登極，遷戶部侍郎。治平初，特轉吏部侍郎。今上嗣位，改尚書左丞。公自處二府，益思報稱，毅然守正，不爲富貴易節。凡大謀議、大利害，與同官論辨，或在上前，必區判是否，未嘗少有回屈。文武之士，陳請百端，公常委曲開諭曰，某事可行，某事不可行。用是人多怨誹。至於臺諫官論事有不中理者，往往正色折之，其徒尤切齒，日欲求疵合攻。公自視無他，不恤也。始英廟踐祚，按祖宗舊典，皇族尊屬之亡者，皆贈官改封。濮安懿王，英廟所生父也。中書以本朝未有故事，請付有司，詳處其當。上謙恭慎重，命過仁廟大祥，下禮院與兩制官同議。如期詔下，衆乃言王當稱伯，改封大國；中書以所生父稱伯，疑無經據。方再下三省議，上遽令權罷，俾有司徐求典故。事久不行，臺官挾憤不已，遂持此斥公爲主議，上章歷詆，必請議定，及以朝廷未嘗議及之事，肆爲誣說，欲惑衆聽，又相率納告身，以云必去。上數敦諭，知不可留，各以本官補外。後來者以風憲不勝爲恥，竊伺愈急。今上即位初，御史蔣之奇者，乃造無根之言，欲以污公，中丞彭思永乘虛助之。公退伏私居，力請公辨。上照其誣罔，連詔詰問，二人者辭窮，皆坐貶。公遂辭柄任，上不得已，除公觀文殿學士、刑部尚書、知亳州事。熙寧元年秋，遷兵部尚書，知青州事、充京東東路安撫使。時散青苗錢法初行，衆議皆言不便。朝廷既申告諭，公猶請除去二分之息，令民止納本錢，明不取利，又請先罷提舉管勾官，然後可以責州縣不得抑配。不報。三年夏，除檢校太保、宣徽南院使、判太原府河東路經略安撫使。公累上章辭，乞易蔡州，大略以久疾昏耗，不任重寄，復曰：「時多喜新奇，而臣思守拙；衆方興功利，而臣欲循常。」執政知終不附己。俄詔聽以舊官知蔡州事。公在亳已六上章請致政，上眷惜之，不允。至蔡踰年，復申前請，志益堅確。上察其誠，命優改官致仕，年方六十有五。天下士大夫聞公勇退，無不驚歎，云：近古所無也。公天資剛勁，見義敢爲，襟懷洞然，無有城府，常以平心爲難，故未嘗挾私以爲喜怒。獎進人物，樂善不倦，一長之得，力爲稱薦，故賞識之下，率爲聞人。惟視姦邪，嫉若仇敵，直前奮擊，不問權貴。後雖陰被讒逐，公以道自處，怡怡如也。平生篤於朋友，如尹師魯、梅聖俞、孫明復既卒，其家貧甚，公力經營之，使皆得以自給；又表其孤於朝，悉錄以官。自唐室之衰，文體隳而不振，陵夷至於五代，氣益卑弱。國初，柳公仲塗一時大儒，以古道興起之，學者卒不從。景祐初，公與尹師魯專以古文相尚，而公得之自然，非學所至，超然獨騖，衆莫能及。譬夫天地之妙，造化萬物，動者、植者，無細與大，不見痕跡，自極其工。於是文風一變，時人競爲模範。自漢司馬遷沒幾千年，而唐韓愈出。愈之後又數百年，而公始繼之，氣燄相薄，莫較高下，何其盛哉！所治經術，務究大本。嘗以先儒於經所得多矣，而不能無失，惟其說或有未通，公始爲辨正，不過求聖人之意以立異論。嘉祐初，權知貢舉，時舉者務爲險怪之語，號「太學體」，公一切黜去，取其平澹造理者，即預奏名。初雖怨讟紛紜，而文格終以復古者，公之力也。筆翰遒勁，自成一家，人有得其片幅，必寶藏之。歷典大郡，以鎮靜爲本，明不及察，寬不至縱，吏民受賜，既去追思不已，滁、揚二州皆立生祠。嘗奉使契丹，其主必遣貴臣押宴，出於常例，且謂公曰：「以公名重故爾。」其爲外夷欽服如此。至和中，陳恭公爲相，欲塞商胡決河，使歸橫壠故道。公言橫壠地已高仰，功大不可爲。未幾，陳罷去，有李仲昌者，乃議道商胡水入六塔河。公復上言六塔素隘狹，不能容大河，若爲之，必潰決，害愈甚。時執政是仲昌議，又不用公言。後六塔提果壞不成，自博以下數州，皆被水患，衆服公先識。在侍從八年，竭誠補益，前後上言百餘事。仁宗嘗曰：「如歐陽修者，何處得來？」故其言多所聽納。因嘉祐水災，凡兩上疏，請選立皇子，以固根本。及在政府，遂與諸公參定大議。方英廟過自謙退，未即承命，事久未決，衆悉危之，公協力開助，忠力爲多。及即位之初，感疾未能考聽斷，慈壽預政，事出權宜，公與諸公往來兩宮，鎮安內外，卒復明辟，人無間言。嘗被詔撰《唐書》紀十卷、志五十卷、表十五卷，又自撰《五代史》七十四卷、《易童子問》三卷、《詩本義》十四卷、《居士集》五十卷、《歸榮集》一卷、《外制集》三卷、《內制集》八卷、《奏議》十一卷、《四六集》七卷、《集古錄跋尾》十卷、《雜著》十九卷。公於物無他玩好玩，獨好收古文圖書，集三代以來金石銘刻，爲一千卷，用以校正傳記訛謬，人得不疑。晚年自號「六一居士」，曰：「吾《集古錄》一千卷，藏書一萬卷，有琴一張，有棋一局，常置酒一壺，吾老於其間，是爲六一。」因自爲傳以志之。初娶胥氏，翰林學士偃之女。繼室楊氏，集賢院學士、諫議大夫大雅之女。今夫人薛氏，資政殿學士、戶部侍郎簡肅公奎之女，累封仁壽郡夫人。男八人：長發、次奕，並光祿寺丞；次棐，大理評事；次辯，光祿寺丞；餘皆早卒。女三人，皆早卒。熙寧某年某月某日，諸孤奉公之喪，葬於某地。銘曰：噫公之節，其剛烈烈，弼違斥姦，義不可折。噫公之文，天資不群，光輝古今，左右典墳。直道而行，屢以讒蹶，卒寤而知，惟帝之哲。升贊機務，方隅以寧，參議宰政，社稷是經。成此王功，大忠以效，德高毀及，退不吾較。公之來歸，既安且怡，宜報以壽，戾也胡爲？公文在人，公跡在史，茲惟不窮，亘千萬祀。

C.蘇轍撰歐陽文忠公神道碑文（龍川別志，一九八二年版，中華書局）

熙寧五年秋七月，觀文殿學士、太子少師致仕歐陽文忠公，薨於汝陰。八年秋九月，諸子奉公之喪，葬於新鄭旌賢鄉。自葬至崇寧五年，凡三十有二年矣。公子棐以墓隧之碑來請，轍方以罪廢於家，且病，不能執筆，辭不獲命，乃曰：「病苟不死，當如君志。」既而病已。謹按，歐陽氏自唐率更令之四世孫琮爲吉州刺史，後世因家於吉。曾祖諱郴，南唐武昌令，贈太師、中書令，妣劉氏，追封楚國太夫人。祖諱偃，南唐南京街院判官，贈太師、中書令兼尚書令；妣李氏，追封吳國太夫人。考諱觀，泰州軍事推官，贈太師、中書令兼尚書令，封鄭國公；妣鄭氏，追封韓國太夫人。公諱修，字永叔，生四歲而孤。韓國守節自誓，親教公讀書，家貧，至以荻畫地學書。公敏悟過人，所覽輒能誦。

比成人，將舉進士，爲一時偶儷之文，已絕出倫輩。翰林學士胥公，時在漢陽，見而奇之曰：「子必有名於世。」館之門下。公從之京師，兩試國子監，一試禮部，皆第一人，遂中甲科，補西京留守推官。始從尹師魯遊，爲古文，議論當世事，迭相師友；與梅聖俞遊，爲歌詩相倡和，遂以文章名冠天下。留守王文康公知其賢，還朝薦之。景祐初，召試，遷鎭南軍節度掌書記，館閣校勘。時范文正公知開封府，每進見，輒論時政得失，宰相惡之，斥守饒州。公見諫官高若訥、若訥詆誚范公，以爲當黜。公爲書責之，坐貶峽州夷陵令。明年，移乾德令，復爲武成軍節度判官。康定初，范公起爲陝西經略招討安撫使，辟公掌書記，公笑曰：「吾論范公，豈以爲利哉？同其退不同其進可也。」辭不就。召還，復校勘，遷太子中允，與修《崇文總目》。慶曆初，遷集賢校理，同知太常禮院。求補外，通判滑州事。時西師未解，契丹初復舊約，京東西盜賊蜂起，國用不給。仁宗知朝臣不任事，始登進范公及杜正獻公、富文忠公、韓忠獻公，分列二府，增諫員，取敢言士。公首被選，以太常丞知諫院，賜五品服。未幾，修起居注。公每勸上延見諸公，訪以政事。上再出手詔，使諸公條天下事。又開天章閣召對，賜坐，給紙筆，使具疏於前。諸公惶恐，退而上時所宜先者十數事。於是有詔勸農桑，興學校，革磨勘、任子等弊，中外悚然。而小人不便，相與騰口謗之。公知其必爲害，常爲上分別邪正，勸力行諸公之言。初，范公之貶饒州，公與尹師魯、余安道皆以直范公見逐，目之黨人。自是朋黨之論起，久而益熾，公乃爲《朋黨論》以進，言：「君子以同道爲朋，小人以同利爲朋。人君但當退小人之僞朋，用君子之眞朋。」其言懇惻詳盡。其後，諸公卒以黨議不得久留於朝。公性疾惡，論事無所回避，小人視之如仇讎，而公愈奮厲不顧。上獨深知其忠，改右正言、知制誥，賜三品服，仍知諫院。故事，知制誥必試。上知公之文，有旨不試，與近世楊文公、陳文惠公比，逮公三人而已。嘗因奏事論及人物，上目公曰：「如歐陽修，何處得來？」蓋欲大用而未果也。四年，大臣有言河東芻糧不足，請廢麟州，徙治合河津，或請廢其五寨。命公往視利害，公曰：「麟州天險，不可廢也。麟州廢，則五寨不可守。五塞不守，則府州遂爲孤壘。今五寨仔，故虜在二三百里外，若五塞廢，則夾河皆虜巢穴，河內州縣皆不安居矣。不若分其兵，駐並清河塞堡，緩急不失應副，而平時可省轉輸。」由是麟州得不廢。又言：「忻、代州、岢嵐、火山軍並邊民田，廢不得耕，號爲禁地，吾雖不耕，而虜常盜耕之。若募民計口出丁爲兵，量入租粟以耕，歲可得數百萬斛。不然，他豈且盡爲虜有。」議下，太原帥臣以爲不便，持之久之乃從。凡河東賦斂過重，民所不堪，奏罷者十數事。自河東還，會保州兵亂，又以公爲龍圖閣直學士、河北都轉運使。陛辭，上面諭：「無爲久留計，有所欲言，言之。」公曰：「諫官得風聞言事，外官越職而言，罪也。」上曰：「第以聞，勿以中外爲意。」河北諸軍，怙亂驕恣，小不如意，輒脅持州郡。公奏乞優假將帥，以鎮壓士心，軍中乃定。初，保州亂兵，皆招以不死，既而悉誅之，脅從二千人，亦分隸諸州。富公爲宣撫使，恐後生變，與公相遇於內黃，夜半，屏人謀，欲使諸州同日誅之。公曰：「禍莫大于殺已降，況脅從乎？既非朝命，州郡有一不從，爲變不細。」富公悟，乃止。公奏置御河催綱司，以督糧餉，邊州賴之。又置磁、相州都作院，以繕一路戎器。河北方小治，而二府諸公相繼以黨議罷去，公慨然上書論之，用事者益怒。會公之外甥女張，嫁公族人晟，以失行繫獄，言事者乘此欲幷中公，遂起詔獄，窮治張貲產。上使中官監劾之，卒辨其誣，猶降官知滁州事。居二年，徙揚州，又徙潁州，遷禮部郎中，復龍圖閣直學士。留守南京，遷吏部郎中。丁韓國太夫人憂。至和初，服除入見，鬚髮盡白。上怪之，問勞惻然，恩意甚厚，命判吏部流內銓。小人畏公且大用，僞爲公奏，乞澄太宦官。宦官聞之，果怒。會選人胡宗堯當改官，坐嘗以官舟假人，經赦去官，法當循資，公引對取旨，上特令改官。宦官有密奏者曰：「宗堯，翰林學士宿之子，有司右之，私也。」遂出公知同州。言者多謂公無罪，上悟，留刊修《唐書》，俄入翰林爲學士。自滁州之貶，至是十二年矣。上臨御既久，遍閱天下士，群臣未有以大稱上意。上思富公、韓公之賢，復召寘二府。時慶曆舊人，惟二公與公三人皆在朝廷。士大夫知上有致治之意，翕然相慶。公以學士判三班院。二年，奉使契丹，契丹使其貴臣宗愿、宗熙、蕭知足、蕭孝友四人押燕，曰：「此非常例，以卿名重故爾。」嘉祐初，判太常寺。二年，權知貢舉。是時進士爲文，以詭異相高，文體大壞，公患之，所取率以詞義近古爲貴，凡以險怪知名者黜去殆盡。謗出，怨謗紛然，久之乃服，然文章自是變而復古。三年，加龍圖閣學士，權知開封府事。所代包孝肅公，以威嚴御下，名震都邑。公簡易循理，不求赫赫之譽。有以包公之政勵公者，公曰：「凡人材性不一，用其所長，事無不舉；強其所短，勢必不逮。吾亦任吾所長耳。」聞者稱善。四年，求罷，遷給事中，充群牧使。《唐書》成，拜禮部侍郎，俄兼翰林詩讀學士。公在翰林凡八年，知無不言，所言多聽。河決商胡，賈魏公留守北京，欲開橫壠故道，回河使東；有李仲昌者，欲道商胡入六塔河，詔兩省臺諫集議。公故奉使河北，知河決根本，以爲：「河水重濁，理無不淤，淤從下起，下流既淤，上流必決。水性避高，決必趨下。以近事驗之，決河非不能力塞，故道非不能力復，但勢不能久，必決於上流耳。橫壠功大難成，雖成必有復決之患。六塔狹小，不能容受大河，以全河注之，濱、滄、德、博必被其害。不若因水所趨，增治隄防，疏其下流，浚之入海，則河無決溢散漫之憂，數十年之利也。」陳恭公當國，主橫壠之議；恭公罷去，而宰相復以仲昌之言爲然，行之而敗，河北被害者凡數千里。狄武襄公爲樞密使；奮自軍伍，多戰功，軍中服其威名，諸軍訛言籍籍，公言：「武臣掌機密而得軍情，不惟於國不便，鮮不以爲身害，請出之外藩，以保其終始。」遂罷知陳州。公嘗因水災上言：「陛下臨御三十餘年，而儲宮未建，此久闕之典也。漢文帝即位，群臣請立太子。群臣不自疑而敢請，文帝亦不疑其臣有二心。後唐明宗尤惡人言太子事。然漢文帝立太子之後，享國長久，爲漢太宗；明宗儲嗣不早定，而秦王以窺覬陷於大禍，後唐遂亂。陛下何疑而久不定乎？」公言事不擇劇易，類如此。五年，以本官爲樞密副使。明年，爲參知政事。公在兵府，與曾魯公考天下兵數及三路屯戍多少、地里遠近，更爲圖籍，凡邊防久闕屯戍者，必加蒐補。其在政府，凡兵民、官吏、財利之要，中書所當知者，集爲《總目》，遇事不復求之有司。時富公久以母憂去位，公與韓公同心輔政，每議事，心所未可，必力爭，韓公亦開懷不疑，故嘉祐之政，世多以爲得。時東宮猶未定，臣僚間有言者，然皆不克行。最後，諫官司馬光、知江州呂晦言之，中書將因二疏以請，幸上有可意，相與力贊之。一日，奏事垂拱，讀二疏，未及有言，上曰：「朕有意久矣，顧未得其人耳。宗室中誰可者？」韓公對曰：「宗室不接外人，臣等無由知之，亦此事非臣下所敢議，當出自聖斷。」上乃稱英宗舊名，曰：「宮中嘗養此人，今三十許歲矣，惟此人可耳。」是日君臣定議於殿上，將退，公奏曰：「此事至大，臣等未敢即行，陛下今夕更思之，來日取旨。」明日，請之崇政，上曰：「決無疑矣。」諸公皆曰：「事當有漸，容臣等議所除官。」時英宗方居濮王憂，遂議起復，除泰州防禦使，判宗正寺，來日復對，上大喜。諸公奏曰：「此事既行，不可中止，乞陛下斷之於心，內批付臣等行之可也。」上曰：「此豈可使婦人知之？中書行之足矣。」時六年十月也。及命下，英宗力辭，上聽候服除。七年二月，英宗既免喪，稱疾不出。至七月，韓公議曰：「宗正之命既出，外人皆初必爲皇子矣。今不若遂正其名，使知愈退而愈進，示朝廷不可回之意。」衆稱善，乃以其累表上之，上曰：「今當如何？」韓公未對，公進曰：「宗室舊不領職事，今有此命，天下皆知陛下意矣，然誥勅付閤門，得以不受。今若以爲皇子，詔書一出而事定矣。」上以爲然，遂下詔。及宮車晏駕，皇子嗣位，海內泰然，有磐石之固，然後天下皆詠歌仁宗之聖以及諸公之賢，而向之黨議，消釋無餘，至於小人，亦磨滅不見矣。英宗即位之初，以疾未親政，慈聖光獻太后臨朝，公與諸公往來二宮，彌縫其間，卒復明辟。樞密使嘗闕人，公當次補，韓公、曾公議將進擬，不以告公。公覺其意，謂二公曰：「今天子諒陰，母后垂簾，而二三大臣自相位置，何以示天下？」二公大服而止。其後，張康節公去位，英宗復將用公，公又力辭不拜。公再辭重位，諸公不喻其意，而服其難。八年，遷戶部侍郎。治平初，特遷吏部。神宗即位，遷尚書左丞。公性剛直，平生與人盡言無所隱。及在二府，士大夫有所干請，輒面諭可否，雖臺諫論事，亦必以是非詰之，以此得怨，而公不卹也。朝廷議加濮王典禮，詔下禮官與從官定議，衆欲改封大國，稱伯父。議未下，臺官意公主此議，遂專以詆公。言者既以不勝補外，而來者持公愈急，御史蔣之奇并以飛語汙公。公杜門求辨其事，神宗察其誣，連詔詰問，詞窮逐去。公亦堅求退，上知不可奪，除觀文殿學士、知亳州事。熙寧初，遷兵部尚書、知青州事，充京東東路安撫使。時諸縣散青苗錢，公乞令民止納本錢，以示不為利，罷提舉管公官，聽民以願請，不報。三年，除檢校太保宣徽南院使、判太原府、河東路經略安撫使，公辭，求知蔡州，從之。公在亳，已六請致仕；比至蔡，逾年復請。四年，以觀文殿學士、太子少師致仕。公年未及謝事，天下益以公高。公昔守潁上，樂其風土，因卜居焉。及歸，而居室未完，處之始然，不以為意。公之在滁也，自號醉翁，作亭琅邪山，以醉翁名之。晚年，又自號六一居士，曰：「吾《集古錄》一千卷，藏書一萬卷，有琴一張，有棋一局，而常置酒一壺，吾老於其間，是為六一。」自為傳，刻石，亦名其文曰《居士集》。居潁一年而薨，享年六十有六，贈太子太師，謚文忠。天下學士聞之，皆出涕相弔。後以諸子贈太師，追封兗國公，公之於文，天材有餘，豐約中度，雍容俯仰，不大聲色，而義理自勝，短章大論，施無不可。有欲效之，不詭則俗，不淫則陋，終不可及。是以獨步當世，求之古人，亦不可多得。公於六經，長於《易》、《詩》、《春秋》，其所發明，多古人所未見。嘗奉詔撰唐本紀、表、志，撰《五代史》。二書本紀，法嚴而詞約，多取《春秋》遺意，其表、傳、志、考，與遷、固相上下。凡為《易童子問》三卷，《詩本義》十四卷，唐本紀、表、志七十五卷，《五代史》七十四卷，《居士集》五十卷，《外集》若干卷，《歸榮集》一卷，

《外制集》三卷，《內制集》八卷，《奏議集》十八卷，《四六集》七卷，《集古錄跋尾》十卷，《雜著述》十九卷。公篤於朋友，不以貴賤生死易意。尹師魯、石守道、孫明復、梅聖俞既沒，皆經理其家，或言之朝廷，官其子弟。尤獎進文士，一有所長，必極口稱道，惟恐人不知也。公前後歷七郡守，其政察而不苛，寬而不弛，吏民安之，滁、揚之人至爲立生祠。鄭公嘗有遺訓，戒慎用死刑，韓國以語公，公終身行之，以謂漢法惟殺人者死，今法多雜犯死罪，故死罪人者，多所平反，蓋鄭公意也。

昔孔子生於衰周而識文武之道，其稱曰：「文王既沒，文不在茲乎？」雖一時諸侯不能用，功業不見於天下，而其文卒不可揜。孔子既沒，諸弟子如子貢、子夏，皆以文名於世。數傳之後，子思、孟子、孫卿並爲諸侯師，秦人雖以塗炭遇之，不能廢也。及漢祖以干戈定亂，紛紜未已，而叔孫通、陸賈之徒，以《詩》、《書》、《禮》、《樂》彌縫其闕矣。其後賈誼、董仲舒相繼而起，則西漢之文，後世莫能髣髴。蓋孔氏之遺烈，其所及者如此。自漢以來，更魏、晉、歷南北，文弊極矣。雖唐正觀、開元之盛，而文氣衰弱，燕、許之流倔強其間，卒不能振。惟韓退之一變復古，闢其頹波，東注之海，遂復西漢之舊。自退之以來，五代相承，天下不知所以爲文。祖宗之治，禮文法度追跡漢、唐，而文章之士，楊、劉而已。及公之文行於天下，乃復無愧於古。於乎！自孔子至今，千數百年，文章廢而復興，惟得二人焉，夫豈偶然也哉！公初娶胥氏，即翰林學士偃之女；再娶楊氏，集賢院學士大雅之女；後娶薛氏，資政殿學士簡肅公之女，追封岐國太夫人。男八人：發，故承議郎；奕，故光祿寺丞；棐，朝奉大夫；辯，故承議郎；餘早亡。孫男六人：愻，故臨邑縣尉；憲，通仕郎；恕，奉議郎；愬，故宣議郎；愿、懋，皆將仕郎。孫女七人，皆適士族。公之在翰林也，先君文安先生以布衣隱居鄉閭，聞天子復用正人，喜以書遺公。公一見其文，曰：「此孫卿子之書也。」及公考試禮部，亡兄子瞻以進士試稠人中，公與梅聖俞得其程文，以爲異人。是歲，轍亦中下第，公亦以謂不忝其家。先君不幸捐館舍，亡兄與轍流洛不偶。元祐初，會於京師，公家以公碑諉子瞻，子瞻許焉，既又至於大故。轍之不敏，以父兄故，不敢復辭。銘曰：於穆仁宗，有臣文忠，自嶮而夷，保其初終。惟古君臣，終之實難，匪不用賢，有孽其間。公奮自南，聲被四方，允文且忠，有煒其光。上實開之，下實梔之，三起三僨，誰實使之？僨而復全，惟天子明；克明克忠，乃卒有成。逮歲嘉祐，君臣一德，左右天造，民用飫食。舜禹相受，不改舊臣，白髮蒼顔，翼然在廷。功成而歸，維公本心，彼亦何知，言恐不深。潁水之濱，甲第朱門，新鄭之墟，茂木高墳；野人指之，文忠之遺。忠臣不危，仁祖之思。（同上卷二十三）

范文正公篤於忠亮，雖喜功名，而不爲黨朋。早歲排呂許公，勇於立事，其徒因之，矯厲過直，公亦不喜也。自越州還朝，出鎭西事，恐許公不爲之地，無以成功，乃爲書自咎，解讎而去。其後以參知政事安撫陝西，許公既老居鄭，相遇於途。文正身歷中書，知事之難，惟有過悔之語，於是許公欣然相與語終日。許公問何爲亟去朝廷，文正言欲經制西事耳。許公曰：「經制西事，莫如在朝廷之便。」文正爲之愕然。故歐陽公爲《文正神道碑》，言二公晚年歡然相得，由此故也。後生不知，皆咎歐陽公。

英宗在藩邸，恭儉好學，禮下師友，甚得名譽。嘉祐末，仁宗不豫，大臣議選立宗室子，仁宗勉從衆議，立爲皇子，然左右近習多不樂者。帝憂懼，辭避者久之。及仁宗晏駕，帝即位，以憂得心疾。大臣議請慈聖垂簾。帝疾甚，時有不遜語，后不樂。大臣有不預立皇子者，陰進廢立之計，惟宰相韓琦確然不變，參知政事歐陽修深助其議。嘗奏事簾前，慈聖嗚咽流涕，具道不遜狀，琦曰：「此病故耳。病已，必不爾。子病，母可不容之乎？」慈聖意不懌，曰：「皇親輩皆笑太后欲於舊渦尋兔兒。」聞者驚懼，皆退數步立，獨琦不動，曰：「太后不要胡思亂量。」少閒，修乃進曰：「太后事仁宗數十年，仁聖之德，著於天下。婦人之性，鮮不妬忌者，溫成之寵，太后處之裕如，何所不容，今母子之閒而反不能忍耶？」太后曰：「得諸君如此，善矣。」修曰：「此事何獨臣等知之，中外莫不知也。」太后意稍和，修復進曰：「仁宗在位歲久，德澤在人，人所信服，故一日晏駕，天下稟承遺令，奉戴嗣君，無一人敢異同者。今太后一婦人，臣等五六措大耳，舉足造事，非仁宗遺意，天下孰肯聽從？」太后默然久之而罷。後數日，獨見英宗，帝曰：「太后待我無恩。」公曰：「自古聖帝明王不爲少矣，然獨稱舜爲大孝，豈其餘盡不孝也？父母慈愛而子孝，此常事，不足道；唯父母不慈，而子不失孝，乃可稱耳。今但陛下事之未至耳，父母豈有不慈者？」帝大悟，自是不復言太后短矣。熙寧中，歐公退居潁上，轍往見之，閒言及此，公曰：「古所謂社稷臣，韓公近之。昔上在潁邸，方人情疑貳，公招記室王陶，使之密勸王傾身事奉慈聖。王用其言，執家人禮，至親奉几筵，進飲食。慈聖由是歸心，而大計始定。」（同上卷下）

臺官蔣之奇以浮語彈奏歐陽公，英心不聽，之奇因拜伏地不起。上顧左右，問何故久不起。之奇仰曰：「此所謂伏蒲矣。」上明日以語大臣，京師傳以爲笑。（同上）

E.蘇軾祭歐陽文忠公文（蘇東坡全集，世界書局一九三六年版）

嗚呼哀哉！公之生於世，六十有六年。民有父母，國有蓍龜，斯文有傳，學者有師，君子有所恃而不恐，小人有所畏而不爲。譬如大川喬嶽，不見其運動，而功利之及於物者，蓋不可以數計而周知。今公之沒也，赤子無所仰芘，朝廷無所稽疑，斯文化爲異端，而學者至於用夷，君子以爲無爲爲善，而小人沛然自以爲得時。譬如深淵大澤，龍亡而虎逝，則變怪雜出，舞鰌鱓而號狐狸。昔其未用也，天下以爲病；而其既用也，則又以爲遲；及其釋位而去也，莫不冀其復用；至其請老而歸也，莫不惆悵失望，而猶庶幾於萬一者，幸公之未衰。孰謂公無復有意於斯世也，奄一去而莫予遺。豈厭世溷濁，絜身而逝乎？將民之無祿，而天莫之遺？昔我先君，懷寶遁世，非公則莫能致。而不肖無狀，因緣出入，受教於門下者，十有六年於茲。聞公之喪，義當匍匐往救，而懷祿不去，愧古人以忸怩；緘詞千里，以寓一哀而已矣。蓋上以爲天下慟，而下以哭其私。嗚呼哀哉！尚享。（同上卷三十五）

其二（知潁州日）

【祭歐陽文忠公一首潁州】維元祐六年，歲次辛未，從表姪具位蘇軾，謹以清酌肴果之奠，昭告於故太兗國文忠公安康郡夫人之靈。嗚呼！軾自齠齔，以學爲嬉。童子何知，謂公我師。晝誦其文，夜夢見之。十有五年，乃克見公。公爲拊掌，歡笑改容：「此我輩人，餘子莫群。我老將休，付子斯文。」再拜稽首：「過矣公言。」雖知其過，不敢不勉。契闊艱難，見公汝陰。多士方譁，而我獨南。公曰：「子來，實獲我心。我所謂文，必與道俱。見利而遷，則非我徒。」又拜稽首：「有死無易。」公雖亡云，言如皎日。元祐之初，起自南遷。叔季在朝，如見公顏。入拜夫人，羅列諸孫。敢以中子，請婚叔氏。夫人曰「然」，師友之義。凡二十年。再升公堂。深衣廟門，垂涕失聲。白髮蒼顏，復見潁人。潁人思公，曰：「此門生，雖無以報，不辱其門。」清潁洋洋，東注于淮。我懷先生，豈有涯哉！尚饗。（同上卷十六）

F. 王安石祭歐陽文忠公文（臨川先生文集四部叢刊本）

夫事有人力之可致，猶不可期；況乎天理之溟漠，又安可得而推？惟公生有聞于當時，死有傳於後世，苟能如此足矣，而亦又何悲！如公器質之深厚，智識之高遠，而輔學術之精微，故充於文章，見於議論，豪健俊偉，怪巧瑰琦。其積於中者，浩如江河之停蓄；其發於外者，爛如日星之光輝；其清音幽韻，淒如飄風急雨之驟至；其雄辭閎辯，快如輕車駿馬之奔馳。世之學者，無問乎識與不識，而讀其文，則其人可知。嗚呼！自公仕宦四十年，上下往復，感世路之崎嶇。雖屯邅困躓，竄斥流離，而終不可掩者，以其公議之是非。既壓復起，遂顯于世。果敢之氣，剛正之節，至晚而不衰。方仁宗皇帝臨朝之末年，顧念後事，謂如公者，可寄以社稷之安危。及夫發謀決，從容指顧，立定大計，謂千載而一時。功名成就，不居而去，其出處進退，又庶乎英魄靈氣，不隨異物腐散，而長在乎箕山之側與潁水之湄。然天下之賢無不肖，且猶爲涕泣而歔欷。而況朝士大夫，平昔游從，又予心之所嚮慕而瞻依。嗚呼！盛衰興廢之理，自古如此；而臨風想望，不能忘情者，念公之不可復見，而其誰與歸！

G.曾鞏祭歐陽文忠公文（宋曾鞏集，中華書局一九八四年版）

惟公學爲儒宗，材不世出。文章逸發，醇深炳蔚。備體韓、馬，思兼莊、屈。垂光簡編，焯若星日。絕去刀尺，渾然天質。辭窮卷盡，含意未卒。讀者心醒，開蒙愈疾。當代一人，顧無儔匹。諫垣抗議，氣震迴遹。鼓行無前，跋疐非恤。世僞難勝，孤堅竟窒。紫微玉堂，獨當大筆。二典三謨，生明藏室。頓挫彌厲，誠純志壹。斟酌損益，論思得失。經體慮萌，沃心造膝。帝曰汝賢，引登輔弼。公在廟堂，尊明道術。清靜簡易，仁民愛物。斂不煩苛，令無迫猝。棲置木索，里安戶逸。櫝斂兵革，天清地謐。日連昌言，從容密勿。開建國本，情忠力悉。卯未之歲，龍賀飆欻。再拯大艱，垂紳秉笏。乾坤正位，上下有秩。功被社稷，等夷召畢。公在廟堂，總持紀律。一用公直，兩忘猜昵。不挾朋比，不虞訕嫉。獨立不回，其剛仡仡。愛養人材，獎成誘掖。甄拔寒素，振興滯屈。以爲己任，無有廢咈。維公平生，愷悌忠實。內外洞徹，初終若一。年始六十，懇辭冕黻。連章累歲，乃俞所乞。放意丘樊，脫遺羈馽。沉浸圖史，左右琴瑟。氣志浩然，不陋蓬蓽。意謂百齡，重休累吉。還斡鼎軸，贊微計密。云胡傾殂，憖遺則弗。聞訃失聲，皆淚橫溢。戇冥不敏，早蒙振拔。言由公誨，行由公率。戴德不酬，懷情獨鬱。西望轜車，莫持綍紼。維公犖犖，德義撰述。爲後世法，終天不沒。託辭敘心，曷究彷彿。

H.吳充歐陽公行狀（歐陽文忠公文集附錄卷一）

【故推誠保德崇仁戴功臣觀文殿學士特進太子少師致仕上柱國樂安郡開國公食邑四千三百戶食實

封一千二百戶贈太子太師歐陽公行狀】曾祖郴，累贈金紫光祿大夫、太師、中書令。祖偃，累贈金紫光祿大夫、太師、中書令兼尚書令。父觀，皇任泰州軍事判官，累贈金紫光祿大夫、太師、中書令兼尚書令，追封鄭國公。本貫吉州永豐縣明德鄉，年六十六。

歐陽氏之先，本出於夏禹之苗裔。少康封其庶子于會稽以奉禹祀，歷夏、商、周，以世相傳，至越王勾踐，傳五世至王無疆，爲楚威王所滅，諸子皆受封于楚。而無疆之子蹄封於歐餘山之陽，是爲歐陽亭侯，子孫遂以爲氏。後稍北，徙青之千乘、冀之渤海。千乘之顯者，曰生，字和伯，以經爲漢博士，所謂歐陽尚書者是也。渤海之顯者，曰建，字堅石，所謂渤海赫赫歐陽堅石者是也。詢、通父子顯于唐，自通三世生琮，爲吉州刺史。又八世生萬，爲吉州安福令，後世或居安福，或居廬陵。安福之六世孫，即公曾祖也，生八男，曰儀者，中南唐進士第，父母皆在，鄉里榮之，命其鄉曰「儒林」，里曰「歐桂」，坊曰「具慶」。皇祖而下，始居吉水。至和中，析吉水爲永豐，今爲永豐人矣。曾祖仕南唐，爲武昌令、檢校右散騎常侍兼御史大夫，性孝友，鄉里稱之，累贈金紫光祿大夫、太師、中書令。曾祖妣劉氏，追封楚國太夫人。皇祖少以文學稱，獻所爲文，南唐召試，爲南京街院判官，累贈金紫光祿大夫、太師、中書令兼尚書令。祖妣李氏，累封吳國太夫人。皇考少孤力學，咸平中進士第，天性仁孝，居官決獄，主於平恕哀矜，終於泰州軍事判官，累贈金紫光祿大夫、太師、中書令兼尚書令，追封鄭國公。妣鄭氏，累封韓國太夫人。皇考之捐館舍，公纔四歲，太夫人守節自誓，而教公以讀書爲文。及公成人，太夫人自力衣食，不以家事累公，使專務爲學。及見公之身名偕顯，而夫人壽考康寧。爲善之報，豈虛也哉？公諱修，字永叔，天聖中進士甲科，補西京留守推官。用王文康公薦，召試，遷鎭南軍節度掌書記、館閣校勘。以書責諫官不論事，諫官以聞，謫峽州夷陵縣令，徙光化軍乾德令，改武成軍節度判官。范文正公經略陝西，辟掌書記，辭不就。俄遷太子中允、館閣校勘。方修禮書，命權同知太常禮院，辭不受。預修《崇文總目》成，改集賢校理，遂知太常禮院。請補外，通判滑州。召以爲太常丞、知諫院，賜緋衣銀魚。未幾，同修起居注。閱月，拜右正言、知制誥，賜三品服。出使河東，還，改龍圖閣直學士、河北都轉運按察使。左遷知制誥、知滁州，改起居舍人、知揚州，徙知潁州，復龍圖閣直學士。知應天府兼南京留守司，歷尚書禮部、吏部郎中，丁韓國太夫人憂。服除，判吏部流內銓，入翰林，爲學士，加史館修撰，勾當三班院。請郡，改侍讀學士、知蔡州，留不行，判太常寺兼禮儀事。權知禮部貢舉，拜右諫議大夫、判尚書禮部。又判祕閣祕書省，加侍讀，辭不受，同修玉牒兼龍圖閣學士。權知開封府，以給事中罷，同提舉在京諸司庫務，改群牧使。《唐書》成，拜禮部侍郎兼侍讀學士。嘉祐五年，以本官爲樞密副使。明年閏八月，參知政事，兼譯經潤文。歷戶部、吏部二侍郎，皆參大政。進拜左丞，出爲觀文殿學士、刑部尚書、知亳州。熙寧初，遷兵部尚書、知青州、京東東路安撫使，除檢校太保宣徽南院使，判太原府、河東路經略安撫監牧使，兼幷代澤潞麟府嵐石路兵馬都總管，三辭不受，徙知蔡州。熙寧四年六月，於觀文殿學士、太子少師致仕，階特進，勳上柱國，食邑四千三百戶，食實封一千二百戶。明年閏七月二十三日，薨于汝陰之私第。天子聞之震悼，爲之一日不視垂拱朝，贈太子太師，邮孤法賻，皆從加等。公爲人剛正，質直閎廓，未嘗屑屑於事。見義敢爲，患害在前，直往不顧，用是數至困逐。及復振起，終不改其操，眞豪傑之士哉！居三朝數十年間，以文章道德爲一世學者宗師。接人待物，誠信樂易，不爲表襮。諸生進者，與之抗聲極談，簡直明辨，至於貴顯，終始如一，見者莫不愛服。而天資高遠，常人自不能與之合，公待之一也。有所稱薦，姑取其一善，後或毀公於朝，遇其人或其家厄且困，必力振之，曰：「吾行己，不以喜怒私也。」於經術，務究大本，其所發明，簡易明白。其論《詩》曰：「察其美刺，知其善惡，以爲勸戒。所謂聖人之者，本也；因其失傳而妄自爲之說者，經師之末也。今夫學者得其本而通其末，斯善矣。得其本而不通其末，闕其所疑，可也。」不求異於諸儒，嘗曰：「先儒於經不能無失，而所得固多矣。盡其說而理有不通，然後得以論正，予非好爲異論也。」其於《詩》、《易》，多所發明，爲《詩本義》，所改正百餘篇，其餘則曰：「毛、鄭之說是矣，復何云乎？」公幼孤，家貧無資，太夫人以荻畫地，教以字書。稍長，從閭里借書讀，或手抄之，抄未畢而成誦。公之舉進士，學者方爲時文，號「四六」。公就視之，曰：「此不足爲。」然切於養，勉爲之，而人亦不能及，故屢試有司，皆第一，名聲籍甚。及景祐中，與尹師魯偕爲古學。已而有詔戒天下學者，爲文使近古，學者盡爲古文，獨公古文既行世，以爲模範。自兩漢後五六百年，有韓愈。愈之後又數百年，而公繼出。李翺、皇甫湜、柳宗元之徒，不足多也。蓋公之文備衆體，變化開闔，因物命意，各極其工。其得意處，雖退之未能過。筆札精勁，自成一家，當世士大夫有得數十字，皆藏以爲寶。生平以獎進人材爲己任，一時賢士大夫，雖潛晦不爲人知者，必延譽慰薦，極其力而後已。後進之士，一爲公所稱，遂爲聞人。篤於朋友，尹師魯、梅聖俞、孫明復皆貧甚，既卒，公力爲經紀其家，表其孤於朝，悉錄以官。他嘗所與厚者，未嘗遺也。公既書責諫官，以申范文正，坐謫夷陵，而尹洙、余靖亦連貶。蔡君謨爲《四賢詩》，世傳之。及范公之使陝西，辟公偕往，朝廷從之。時天下久無事，一旦西陲用兵，士之負材能者，皆欲因時有所施設，而范公望臨一時，好賢下士，故士之樂從者衆。公獨歎曰：「吾初論范公事，豈以爲己利哉？同其退不同其進可也。」卒辭焉。慶曆初，公方登朝，數論天下事，爲策以揣敵情及指陳利害甚衆。既而有詔，百官上封事，公又上疏言三弊五事，力陳當時之所宜憂者。仁宗增諫官員，首預其選。是時西師久，京東西盜賊群起，中外騷然，仁宗既進退大臣，欲遂改更諸事。公感激恩愚，知無不言。時范文正公、杜正獻公、今司徒韓公、司空富公皆輔政，公屢請召對咨訪，責以所爲。既而仁宗降手詔，出六條，虛心以待，後遂下詔勸農桑，興學校，多所更革。小人不悅，一時知名士，見謂黨人矣。公爲《朋黨論》以進，見集中。溫成后方有寵，公言前世女寵之戒，請加裁損。燕王薨，議者以國用不足，請待豐年以葬，公言：「士大夫家有待而侈，不如及時薄葬，況天子叔邪？且非所以示四方也。」卒從公議。澧州進柹木，成文，有「太平之道」字。公言：「今四海騷然，未見太平之象。又，太平之道，其意可推。自古帝王，致之皆有道。得道則太平，失道則危亂。今見其失，未見其得，願陛下憂勤萬務，漸期致理，其瑞木請不宣示于外。」淮南轉運使呂紹寧到任，進羨餘錢十萬貫，公請拒而不受，以防刻剝。陝西用兵之後，河東困弊，芻糧不足，言者請廢麟州，或請移於合河津，或請廢五寨。公既使河外，爲四議，以較麟州利害，請移兵就食於瀕河清塞堡，緩急不失應援，而平時可常餽運，麟州得不廢。又建言：「忻、代、岢嵐、火山四州軍沿邊有禁地，棄而不耕，人戶私糴北界斛斗入中，以為邊儲。今若耕之，每年可數百萬石以實邊。」朝廷從之，大為河東之利。自西事後，河東賦斂重而民貧，道路嗟怨，公奏一作「表」。罷數千事以寬民力。公自河東還，會保州兵叛，遂出為河北都轉運使。保州卒既降，大將李昭亮私納婦女，通判馮博文等竊傚之。公發其姦，下博文獄，昭亮惶恐，立出之。自保州之變，河北兵驕，小不如意，即謀為亂，人情務在姑息，公乞假將帥權，事從鎮重，以銷未萌，河北卒無事。保塞之脅從者二千餘人，分隸河北，宣撫使恐復生變，欲以便宜悉誅之。公權知成德軍，遇之於內黃，宣撫使夜半屏人以告公。公曰：「禍莫大於殺降。昨保州叛卒，朝廷許以不死，今戮之矣。此曹本以脅從故得脫，奈何一旦殺無故二千人？且非朝旨，若諸郡不肯從，緩之必生變，是趣其為亂也。且某至鎮州，必不從命。」遂止。公在河北，奏置御河催綱司，通糧運，邊州賴之。置都作院於磁、相二州，以繕戎器。仁宗遇公厚，嘗論及當世人材，目公曰：「如歐陽某者，豈易得哉？」常欲大用而未果。及使河北，陛辭日，上面諭曰：「無為久居計，有事言來。」公對以諫官得風聞，今在外使事有指，越職，罪也，況不得其實邪！上曰：「有事第以聞，勿以中外為辭。」及黨論大起，公極言請加明辨，勢益危。初，公妹適張龜正，龜正無子，有女，非歐出也。妹既嫠，無所歸，以孤女偕來，及笄，以嫁宗人晟。張氏後以他事下獄，小人欲幷中公，及捃張氏貲產事窮治久之，卒無有，猶貶滁上。公丁太夫人憂，既免喪，入見，仁宗惻然，怪公髮白，問在外幾年，今年幾何，恩意甚至，命判流內銓。小人恐公且復用，僞爲公奏，乞汰內臣。疏傳之中外，宦者人人切齒，內官楊永德陰以言中公，出知同州，而外議不平，論救者衆。上尋開悟，故馮翊之命卒不行。公在侍從八年，多所闓益。初，河決澶淵，陳恭公爲相，欲塞商胡，開横壠故道，公言功大恐不可成，徒勞人。未幾，陳罷去，新宰相復用李仲昌議，欲開六塔河。公言六塔不能吞伏，且復決，再爭之，不得。既而果決，濱、滄、德、博數千里，大被其害，仲昌等得罪流貶。至和初，公奉使契丹，契丹使其貴臣惕隱及北宰相蕭知足等來押宴，曰：「非常例也，以公名重，故爾。」其爲外夷所畏如此。公在翰林，仁宗一日乘間見御閣春帖子，讀而愛之，左右曰：「學士歐陽某之辭也。」乃悉取宮中帖閱之，見其篇篇有意，歎曰：「舉筆不忘規諫，眞侍從之臣也。」每學士院進文字，必曰何人當直，至公之筆，必詳覽之，每加歎賞。嘉祐初，公知貢舉，時舉者爲文，以新奇相尙，文體大壞。公深革其弊，前以怪僻在高第者，黜之幾盡，務求來澹典要。士人初怨怒罵譏，中稍信服，已而文格遂變而復正者，公之力也。公之尹京，承包孝肅公之後。包以威嚴爲治，公一切循理，不事風采，或以爲言，公曰：「人材性各有短長，今捨所長，彊其所短，以徇俗求譽，我不能也。」至寵貴犯禁令，又求苟免者，必寘於法，雖詔命，有所不從，且請加本罪二等，至今行之，由公奏進也。公在樞密，與今侍中曾魯公悉力振舉紀綱，革去宿弊，考天下兵數及三路屯戍多少、地理遠近，更爲圖籍之法。邊防久闕屯守者，大加蒐補。數月之間，機務浸理。嘗因嘉祐水災，凡再上疏，請選立皇子，以固天下根本，言甚激切。及在政府，遂與諸公協定大議。而先帝力辭宗正之命，公進曰：「宗室不領職事，忽有此除，天下皆知陛下將儲以爲嗣，一作「以爲儲嗣」。

不若遂正其名。且判宗正寺誥勅付閤門，得以不受，今立爲皇子，止消一詔書，事定矣。」仁宗以爲然，遂下詔。及先帝初年，未親政事，慈壽垂簾，公與諸公往來兩宮，鎮撫內外，而危言密議，忠力爲多。至先帝親御萬機，內外蕭然，每諸公聚議，事有未可，公未嘗不力諍。臺諫官至政事堂論事，往往面折其短。英宗嘗面稱公曰：「性眞不避衆怨。」嘗稱故相王沂公之言曰：「恩欲歸己，怨使誰當？」且曰：「貧賤常思富貴，富貴必履危機，此古人之所歎也。惟不思而得，既得而不患失之者，其庶幾乎？」及彭思永、蔣之奇等以飛語汙公，公杜門，請付有司治之。上連詔詰問所從來，二人辭窮，悉逐之。上親遣中貴人手詔慰安，公遂稱疾，力解機務。自嘉祐以後，朝廷務惜名器，而進人之路稍狹，公屢建言：「館閣育材之地，材既難得而又難知，則當博採而多畜之，時冀一得於其間，則傑然出爲名臣矣，餘亦不失爲佳士也。」遂詔二府各舉五人，其後中選者往往在清近，朝廷稍收其用矣。京師百司所行兵民、官吏、財用之類，皆無總數，中書一有行移，則下有司纂集。公因暇日，盡以中書所當知者集爲《總目》，上有所問，宰相以《總目》爲對。公以祀假家居，上遣中貴人就中書閤取而閱之。連典劇郡，以鎮靜爲本，不求赫赫名，舉大體而已，民便安之。滁、揚二州，生爲之立祠。公在亳，年甫六十，表致仕者六，不從。至蔡而請益堅，卒不能奪公志，其勇退如此。公平生於物少所好，獨好收畜古文圖書，集三代以來金石銘刻爲一千卷，以校正史傳百家訛謬之說爲多。晚年自號「六一居士」，曰：「吾《集古錄》一千卷，藏書一萬卷，有琴一張，有棋一局，而常置酒一壺，吾老於其間，是爲六一。」自爲傳以刻石。嘗被詔撰《唐書》紀十卷、志五十卷、表十五卷，又自撰

《五代史》七十四卷。其爲紀，一用《春秋》法。於《唐禮樂志》，明前世禮樂之本出於一，而後世禮樂爲空名。《五行志》不書事應，盡破漢儒菑異附會之說。其論著類此。《五代史》辭約而事備，及正前史之失爲多。公之薨，上命學士爲詔，求書於其家，方繕寫進御。嘗著《易童子問》三卷、《詩本義》十四卷、《居士集》五十卷、《歸榮集》一卷、《外制集》三卷、《內制集》八卷、《奏議集》十八卷、《四六集》七卷、《集古錄跋尾》十卷、《雜著述》十九卷、諸子集以爲《家書總目》八卷。其遺一作「餘」。逸不錄者，尚數百篇，別爲編集而未及成。公初娶胥氏，翰林學士、贈吏部侍郎偃之女；繼室楊氏，集賢院學士、諫議大夫大雅之女；今夫人薛氏，資政殿學士、戶部侍郎、贈太尉簡肅公之女，累封仁壽郡夫人。男八人，女三人。長女師，蚤卒；次發，光祿寺丞；次女，蚤卒；次奕，光祿寺丞；次棐，大理評事；次某；次辯，光祿寺丞；欠三男，皆蚤卒；次女，封樂壽縣君，蚤卒。孫男四人：曰愻，曰憲，曰恕，曰愬，皆以公恩試祕書省校書郎。孫女六人，皆幼。將以熙寧八年九月二十六日，葬公於開封府新鄭縣旌賢鄉之原，謹狀。熙寧六年七月□日，樞密副使、正奉大夫、行右諫議大夫、上柱國、賜紫金魚袋吳充狀。（《歐陽文忠公文集》附錄卷一）

I. 蘇轍撰文忠公夫人薛氏墓誌銘（欒城集四部叢刊本）

歐陽文忠公夫人薛氏，資政殿學士尚書戶部侍郎簡肅公諱奎之女也，簡肅公事眞宗所至以才名稱，晚事仁宗爲參知政事，章獻太后臨朝，公剛毅守節不苟隨，朝廷賴之，天下至今稱焉，文忠公以文章名當時，其風節尤峻，早歲以言事不合，流落於外，仁宗亮其忠，晚用之亦參知政事，仁宗、英宗之際，其所以綏靖朝廷者，與丞相忠獻韓公相爲表裏，蓋二公之功名士大夫擧世知之。

夫人，簡肅公之第四女也，母曰金城夫人，亦賢婦人也，夫人高明清正而敏于事，有父母之風，及歸于歐陽氏治其家事，文忠公所以得盡力于朝而不恤其私者，夫人之力也，而世莫知之。初，簡肅公見文忠公願以夫人歸焉，未及而薨，及文忠公貶夷陵令，金城以簡肅公之志願夫人于許州，不數日從公南遷，姑韓國夫人性剛嚴好禮，夫人生于富貴，年方二十，從公涉江湖行萬里，居小邑安于窮陋，未嘗有不足之色，事韓國時其起居飲食寒溫節度，未嘗少失其意，雖寒鄉小家女有不能也。

夫人幼隨金封朝于禁中，面賜冠帔，及文忠公爲樞密副使，夫人入謝，慈聖光獻太后一見識之，曰：「夫人，薛家女也。」夫人進對明辨，自是每入輒被顧問，遇事陰有補，嘗侍班廊下，因內臣有乘間語及時事者，意欲達之文忠公，夫人正色拒之曰：「此朝廷事，婦人何預焉，且公未嘗以國事語妻也。」文忠公既老潁上，慈聖常幸集禧遇其舊，使人訪問夫人，其后姻嫁有入禁中者，慈聖猶傳旨問勞。

文忠公既薨，夫人不御珠翠羅紈，服布素者十七年，文忠公平生不事家產，事決于夫人，率皆有法，從文忠公起艱難歷侍從登二府既薨，衰盛之變備矣，而其出入豐約皆有常度，常以韓國治家之法戒其諸婦，以文忠行己大節勵其諸子，而不責以富貴，平居造次必以禮，辭氣容止雖溫而莊，未嘗疾言厲色，而整衣冠正顏色，雖寒暑疾病不改其變，將終疾革，言語如平日，見諸子號哭曰：「吾生至此，死其常也，此爾等憶復預言吾事耶？」其天性安于禮法，恬于禍福如此，享年七十有三。元祐四年（公元一〇八九年）八月戊午終于京師，十一月甲申附于文忠公之墓。

夫人始以文忠公貴，封壽安縣居，八遷，爲仁壽郡夫人，復以其子三遷，封安康郡太夫人，子男八人：發，故承議郎少府監丞。奕，故光祿寺丞監陳州糧科院。棐，朝散郎尚書職方員外郎，充集賢校理。辯，宣德郎監澶州河北酒稅，其餘四人皆未名而卒。女三人皆未及嫁而卒。孫男六人：愻，陝州司戶參軍。憲，新授滑州書城簿。恕、愬、愿、懋幷假承務郎。孫女七人：長適權忠武安軍節度判官蘇京，次適承事郎元耆弼，次適許州長社縣主簿范祖朴，次適承奉郎王微，次適承務郎王景文，次許嫁承務郎蘇迨，次尚幼，適范王三人皆早卒，曾孫三人，延世、奉世、與世。

若薛氏歐陽既具于簡肅，文忠之志，轍少獲知于文忠公出入門下與其諸子游，知夫人平生爲詳，而子發，棐復以狀來求銘，銘曰：

簡肅之肅，夫人實承之，文忠之忠，夫人實成之，既成其夫，亦遺其子，白髮素糯，動不忘禮，貧富之交，生死之間，有以莊夫，而莫克安，夫人居之，不懾不疑，問誰使然，簡肅之遺，有立于朝，文忠之孫，豈獨文忠公？夫人與存。（新鄭金石志載，蘇轍撰神道碑，碑在墓東已仆，字跡不可辨。文載新鄭縣誌藝文志，于一九八五年辛店鎮歐陽寺村出土。）

F.另一九八五年棐公辯公墓誌銘于歐陽寺村出土

宋朝請大夫管公南京鴻慶宮歐陽公墓志銘。

志，蓋均爲方形，邊長六十二，厚十厘米。志蓋上隸書「宋朝請大夫管公南京鴻慶宮歐陽公墓」，如附圖」志銘是其子歐陽愿自述，朝散郎王實填諱，李邁刻石。

全文楷書卅八行，滿行卅八字。碑文字小楷書法體端正秀麗，簡介如下：

歐陽棐，字叔弼，文忠公第三子，慶曆七年（一〇四七年）生於滁，政和三年以疾卒於潁州私第，享年六十七歲。至和二年，以蔭初授將士郎，任祕書省正字，嘉祐八年，以英宗登極轉太常寺太祝，累陞至朝奉郎。治平四年，以神宗登極恩轉大理評事，授簽書陳州觀察判官廳公事，不赴。熙寧五年，丁父憂，十年，轉大理寺丞，任推審官諫院主簿。元豐三年，改奉議郎，四年入官誥院爲檢評官。五年，除同知太宗丞，轉承議郎。八年哲宗皇帝登極，轉朝郎，賜五品服。同年十月，任太常博士。元祐元年，任尚書主客員外郎，十二月轉朝散郎，四年八月，丁母憂，七年正月，加左朝散郎。二月，任尚書禮部員外郎。八年，任開封府鎖廳發解考試官。紹聖元年，任殿試初試官，乞求外調。四月，以本官職權知襄州。二年正月，以制政朝散郎，充祕閣校理。同年六月，轉朝請郎。八月，移知潞州。元符元年十一月，落元祐所得職歸吏選。元符三年徽宗登極，轉朝散郎。同年七月，召對崇政殿，留爲尚書吏部郎中，十二月復朝郎。建中靖國元年三月，轉朝奉大夫，同年六月，任右司郎中。十月，以祕閣權知蔡州。崇寧元年六月，以系元祐籍落職。八月以在右司時預改元符法降朝請郎。十一月例罷郡得管公州崇道觀，乞避祖父歐陽觀之諱，致西京嵩山崇福宮，三年正月又以例罷，五年二月，復朝奉大夫，監兗州東岳廟，大觀二年正月，轉朝散大夫，九月，恩轉朝請大夫。同年十月，管勾南京鴻慶宮。政和元年二月，賜三品服，累勛至柱國。三年正月初九日以疾卒。

妻王氏，已故尚書郎官郎中王奕之次女，封旌德縣君；先棐十六年而亡。子男二人，長早夭，次愿，宣義郎知河南府永寧縣事。

歐陽棐有吏能，但政治生涯坎坷曲折。

宋承議郎歐陽君（辯）墓志銘。

志石呈方形，邊長六十一，厚十一厘米，蓋面四邊略斜，面上篆刻「宋承議郎歐陽君墓銘」。

因志石剝蝕太甚，大部份文字無法辨識，現僅據可識者簡介如下：

歐陽辯，字季默，文忠公之第四子，官太常寺太祝，勛至騎都尉緋魚袋，享年五十三歲；妻王氏，子懋，將士郎。孫當世，台州崇道院丞。

歐陽棐墓志銘

十四、江西故里

1.吉安市商業大街永叔路重建（如附圖五十九、六十）

2.文忠公先祖墓葬情形：

文忠公始祖歐陽萬墓，據安福縣誌載：歐陽萬墓，唐，位於江南鄉歐金村一五〇米處，坐南朝北，面積十二平方米，因年久失修，墓地曾遭損毀，一九九七年春季安福縣江南鄉政府撥專款修復（如續附圖六十一、六十二）。

文忠公祖父歐陽偃葬在吉水縣葛山鄉回坡村，離縣城約十公里，歐陽氏家譜中有詳細記載。一九八七年出版的「吉水縣地名誌」也載有：回坡三面環小江，彎曲回繞，初名：回溪，後以江中建有水陂稱今名，大隊駐地，八戶，四十二人。北宋參政知事歐陽修祖父歐陽偃，高祖歐陽體原，歐陽守原，祖妣郭氏葬本村北，墓後豎有望碑及歐陽氏世次碑、偃公墓是在群山環繞恰似一個鳳凰形山丘中。據史籍介紹：偃公葬後四百年，吉水有一豪紳胡寅學羨慕這塊風水寶地，於明成化三年（一四六七年）將其母親葬於偃公墓上，幾經交涉無效。成化七年（一四七一年）由歐陽順仔向江西布政司提出訴訟，此事先後經歷四代皇帝，費了不少周折，後來胡家才將墓遷走。一九五七年吉水興建鄉域公路後，汽車可達偃公墓側，隨著交通發展，廿世紀八十年代，鳳形山有曾、周兩姓遷來居住，並創辦有螺源小學。偃公墓仍未修復（已函永豐縣歐陽勇希洽吉水縣人民政府修復）。

3.文忠公宋真宗景德四年（一〇〇七年）六月廿一日寅時生於四川綿州（四川綿陽市）二〇〇七年為千歲誕辰，永豐縣舉辦千歲周年紀念活動：（江西吉安巿井岡日報載）

(1)永豐歐陽修千年誕辰紀念活動異彩紛呈（二〇〇六年）

永豐訊（錢曉華，吳平德）九月十九日晚，永豐縣歐陽修廣場人山人海。該縣「歐陽修廣場盃」第三屆文化藝術節之「青春律動」青年歌手大獎賽在這裡舉行，拉開了歐陽修千年誕辰紀念活動的序幕。

爲弘揚歐陽修寬簡治政、仁愛處世的思想，該縣於近日啓動了歐陽修千年誕辰大型系列紀念活動，活動內容異彩紛呈。首先是巧打歐公牌，引進外商投資上億元建成占地面積達十六萬平方米，集住宅、購物、餐飲、休閒、娛樂、文化一體的歐陽修廣場，設置了歐陽修全身雕塑、《瀧岡阡表》碑文、歐陽修詩詞佳句箱燈塑景觀，爲開展歐陽修紀念活動提供了良好的場所。其次爲傳承「歐公」遺風，弘揚傳統文化，繁榮群衆文化生活，該縣從九月十九日至十月十八日舉辦歐陽修文化藝術節。與此同時，該縣組織人員收集有關資料，撰寫了《歐陽修脫靴追賢》、《歐陽修不畏權勢痛斥高司諫》清廉故事，在縣城主要街道開闢出一條歐陽廉政文化宣傳長廊；根據歐陽修一生的傳奇故事，編寫一本富有鄉土氣息的德育教材；歐陽修嫡系第三十五代後裔歐陽勇對《瀧岡阡表》成文背景、文學內涵、書法藝術等進行潛心研究，撰寫出了《〈瀧岡阡表〉論著》；縣老年書畫協會的老同志搜集楷、隸、行、草俱全，國畫、油畫、剪紙異彩紛呈的四〇〇餘幅歷代書畫作品編輯成《歐公故里歷代書畫作品選》。該縣還撥出資金對歐陽修紀念館、永叔公園、西陽宮、瀧岡阡表及歐陽修父母合葬墓等有關的文化景點進行修葺。目前，這些景點八〇%以上已修葺一新。

(2)中共永豐縣委，永豐縣人民政府二〇〇七年賀年卡登載紀念活動（如附圖五十九、六十）

(3)組織江西省永豐縣歐陽修誕辰一〇〇〇週年紀念活動籌備委員會由江西省委、省政府和吉安市委、吉安市人民政府、江西文化廳主辦，中國社會科學院文學研究所、中國古代散文學會、江西省廣播電視局、江西省社會科學院、江西省文聯、井岡山學院協辦，具體工作由永豐縣委，永豐縣人民政府承辦。

(4)紀念活動，縣府成立工作機構，撥出專項經費，抽調人員集中辦公，活動內容：

a 舉行紀念大會

b 行學術研討會並成立滙集國內外專家學者的歐陽修學術研究研構

c 舉辦「歐陽修盃」全國散文、書法大獎賽

d 舉辦大型演唱會

e 拍攝「歐公故里行」電視宣傳片

f 出版有關歐陽修的書籍

g 修繕沙溪西陽宮及歐公父母合葬墓等古墓群

h 整修歐陽修紀念館和永叔公園，進一步豐富歐陽修紀念館館藏文史資料，舉辦大型經貿洽談等

⑸二〇〇六年六月十日國務院公佈：「瀧岡阡表碑」爲國家重點文物保護單位。

4.祝賀「歐陽文忠公遺跡與祠祀」新版問世

江西省吉安市井崗日報社長周振清

煌熔華誕一千年，尋根溯祖始有源，

往返海峽稱萬里，中華和諧緊相連。

註1.中華譜牒系歐陽文忠公創立，從此華夏兒女溯祖有源頭可尋。

2.民諺：隔河千里，隔海可稱萬里矣。

十五、文忠公墨寶匯考

歐陽修（一〇〇七——一〇七二）字永叔，號醉翁，晚號六一居士。吉州廬陵（今江西吉安）人。他是北宋大臣，官至參知政事，可謂是政治家，又是著名文學家，居唐宋古文八大家之一。他主編〔新唐書〕和〔新五代史〕，自可算作歷史學家。以上是犖犖大者。如果再舉以他能，則金石學家和書法家兩頂桂冠也可當之無愧。歐陽修的道德文章，是有口皆碑的。

歐公的手蹟，今存十一帖，散見於全國三大博物院館。由於他是宋朝一位舉足輕重的人物，遺澤便如吉光片羽，彌足珍重，即如只有十八字的便條，亦爲人什襲弆藏，視同拱璧。這當然是愛屋及烏才能如此的。在宋人中，除蘇黃米蔡四家之外，他是遺墨留存較多的一人。

以往研究歐陽修的學者，大多屬意於他的重要著作，尋常書信則相對關注得較少。其實這十一帖中蘊含著豐富寶藏是不能忽視的。因爲其中涉及的內容涵蓋了歐陽修專精的各個領域。僅就書法而言，這十一帖的年齡跨度即長達十有七年，人們便可清楚地看到他是怎樣從一個厭惡寫字的人，經過主觀努力和客觀輔助，成長爲專家的。最後二帖牽涉到其暮年的兩大政治鬥爭，亦是驚心動魄。若謂稊米之中藏大千，似毫不爲過：今草成此文，幸大方之家見教。

1. 歐陽氏譜圖序、夜宿中書東閣詩合卷

本帖凡十五行，共二百八十三字。今藏遼寧省博物館。文字如下：

自唐末之亂，士族亡其家譜。今雖顯族名家，多失其世次，譜學由是廢絕。而唐之遺族，往往有藏其舊譜者，時得見之，而譜皆無圖，豈其亡之，抑前世簡而未備歟？因採太史公（史記）、鄭玄（詩譜），略依其上下旁行，作爲譜圖。上自高祖，下止玄孫，而別自爲世，使別爲世者，上承其祖爲玄孫，下繫其祖爲高祖，凡世再別，而九族之親備。推而上下之，則知源流之所自；旁行而列之，則見子孫之多少。夫惟多與久，其勢必分，此物之常理也。故凡玄孫別而自爲世者，各繫其子孫，則上同其出祖而下別其親疏，如此則子孫雖多而不亂，世傳雖遠而無窮，此譜圖之法也。

翰林平日接群公，文酒相歡慰病翁。白首歸田空有約，黃扉論道愧無功。攀髮路斷三山遠，憂國心危百箭攻。今夜靜聽丹禁漏，尙疑身在玉堂中。夜宿中書東閣。攻字同韻否？

前文後有南宋周必大題「右歐陽氏譜圖序稿」八字。帖中竄點之處甚多，屬稿性質自不待言。按

此序定本在今版〔歐陽文忠集〕卷七一。若依本帖所論作譜圖的功用與方法，本帖應是譜序的跋尾，然而定本跋尾與本帖除意思相近外，文字卻非常不同。茲錄於下以資比較。

譜例曰：姓氏之出，其來也遠，故其上世多亡，不見譜圖之法。斷自可見之世，即爲高祖下至五世，玄孫而別自爲世。如此世久，子孫多則官爵功行載於譜者不勝其繁，宜以遠近親疏爲別。凡遠者、疏者略之，近者、親者詳之，此人情之常也。玄孫既別自爲世，則各詳親，各繫其所出，是詳者不繁而略者不遺也。凡諸房子孫，各紀其當紀者，使譜牒互見，親疏有倫，宜視此例而審求之。

不過，現存譜圖確如本帖所云，是「採太史公〔史記〕表」的方式來編排的，因此只能認爲永叔在定稿時作了極大的修改。相反，本帖被刪節的內容，在「與王深甫（回）論世譜帖」（卷六九）中卻有相當類似的敘述：

修啓：惠借顏氏譜，得見一二，大幸。前世常多喪亂，而士大夫之世譜未嘗絕也。自五代迄今，家家亡之。由士不自重，禮法苟簡之使然。雖使人人自求其家猶不可得，況一人之力，兼考於繆亂亡失之餘能如所示者，非深甫之好學深思莫能也。

今本譜圖自署序於「嘉祐四年己亥四月庚午（六日）」。譜圖後所附旁支家族中人的傳略時有增補，如歐陽曄下，就有「其後兄子修者，以參知政事遇今上登極，恩贈府君、兵部員外郎」，顯爲英宗即位的嘉祐八年（一〇六三）四月後所補。總之，本帖只能是嘉祐四年四月六日序成後不久所作。明人宋濂跋謂作於至和二年（一〇五五），實不知何據。

後詩今在文集卷十三。頷聯出句「白首歸田徒有約」的「徒」字下注「墨蹟作『空』」，或許這作注的後人所見就是此帖了。「攀髯」典出〈史記・封禪書〉，後以爲哀悼龍馭上賓的故，則此帖作於仁宗崩後無可疑義。周必大跋謂：「右歐陽公嘉祐八年冬末詩。按昭陵（仁宗）以是年春晏駕，十月復土，時厚陵（英宗）再屬疾，兩宮情意未通，故有『攀髯路斷』、『憂國心危』之句云。」這確已點明了頸聯的興感之由。英宗由於不是仁宗慈聖光獻曹皇后所出，因此英宗即位，太后垂簾之際，政出多門，互有牴牾。〈長編〉嘉祐八年六月丁亥（十七日）：「帝（英宗）初以憂疑得疾，舉措或改常度，其遇宦官尤少恩，左右不多悅者，乃共爲讒間，兩宮遂成隙。太后對輔臣嘗及之。韓琦因出危言感動太后曰：『臣等在外，見得官家內中保護，全在太后。若官家失照管，太后亦未安穩。』太后驚曰：『相公是何言？自家（指琦）更切用心！』琦曰：『太后照管，則衆人自然照管矣！』同列爲縮頸流汗。或謂琦曰：『不太過否？』琦曰：『不如此不得間。』有傳帝在禁中過失事，衆頗惑之。琦曰：『豈有殿上不曾錯了一語，而入宮門，即得許多錯？固不信也。』傳者亦稍息。」當時母子豈止是情意未通，簡直有些水火不容。曹太后曾有廢立之意，而英宗亦對韓琦說：「相公休獎縱母后！」（見邵伯溫〈邵氏聞見錄〉卷三）可見宮闈之中的殺機已是一觸即發。除宰相韓琦極力斡旋外，歐陽修也作了不少疏通，〈歐陽忠文集〉附錄五「事蹟」云：「及英宗初年，未親政事，慈聖垂簾。危疑之際，公與諸公往來兩宮，鎮撫內外，而公之危言密議，忠力爲多。以至英宗親御萬機，內外睦然。」〈長編〉嘉祐八年十一月：「方帝病甚時，云爲多乖錯，往往觸忤太后，太后不能堪。左右讒間者，或陰有廢立之議。昭陵既復土，韓琦歸自陵下，太后遣中使持一封文書付琦，琦啓之，則帝所寫歌詞拜宮中過失事。琦即對使者焚毀。令復奏曰：『太后每說官家心神未寧，則語言舉動不中節，何足怪也1』及進對簾前，太后嗚咽流涕，具言之，且曰：『老身殆無所容。須相公作主。』琦曰：『此病故耳！病已必不然。子病，母可不容之乎？』太后不懌。歐陽修繼言曰：『太后事仁宗數十年，仁聖之德，著於天下。婦人之性，鮮不妬忌，昔溫成驕恣，太后處之裕如，何所不容。今母子之間，而反不能忍耶？』太后曰：『得諸君如此，善矣！』修曰：『此事何獨臣等知之，中外莫不知也。』太后意稍和。修又言曰：『仁宗在位歲久，德澤在人，人所信服，故一日晏駕，天下稟承遺命，奉戴嗣君，無一人敢異同者。今太后深居房帷，臣等，五六措大爾，舉動若非仁宗遺意，天下誰肯聽從？』太后默然。琦等見帝，帝曰：『太后待我無恩！』對曰：『自古聖帝明王不爲少矣，然獨稱舜爲大孝，豈其餘盡不孝也？父母慈愛而子孝，此常事不足道，惟父母不慈愛而子不失孝，乃可稱爾！政恐陛下事太后未至。父母豈有不慈愛者？』帝大悟，自是亦不復言太后事矣。」一邊是孤僻寡婦，一邊是失心闇君，兩府大臣折衝其間，實在費盡脣舌。這場宮闈危機只有到了太后被韓琦近乎逼宮下不得不撤簾還政的治平元年五月十三日，纔算基本平息。歐公其時「憂國心危」而竟至「百箭攻」的程度，關顧帖尾闌入的所謂「中書所錄旨揮」的「子頊出閤」（按〔宋史・英宗紀〕，嘉祐八年十二月「乙亥，淮陽郡王頊出閤」）文字，周必大對此詩的繫年是完全可信的。

「攻字同韻否」這一問使人不禁驚訝。歐陽修「乞藥有感呈梅聖俞（堯臣）」詩（卷五四）全用

「東韻」，即有「爾來三十年，多難百憂攻」之句，可見歐公對「攻字同韻」是知道的。豈是因急火攻心、勞瘁踰恆而記憶力過早地衰退了？若是則使人頓生「廉頗老矣」的感慨。

2. 局事二帖合卷

前帖凡三行，共三十七字；後帖凡兩行，共十八字。今藏臺北故宮博物院。文字如下：

「本紀」第四、五定本、淨本並分付。第六已下，如未取得，速取之，恐妨點對。來日局中相見也。修拜白。

脫錯多。將定本卷子細對，淨本候來日商量寫。

歐陽修嘉祐五年（一〇六〇）七月戊戌（十二日）爲提舉〈新唐書〉的宰相曾公亮所作「進新修唐書表」（卷九一）云：「於是刊修官翰林學士臣歐陽修、端明殿學士臣宋祁與編修官知制誥臣范鎮、臣王疇、集賢校理臣宋敏求、祕書丞臣呂夏卿、著作佐郎臣劉義叟等並膺儒學之選，悉發祕府之藏。俾之討論，共加刪定，凡十有七年，成二百五十卷。其事則增於前，其文則省於舊。」歐公與修〈新唐書〉，實始於至和元年（一〇五四）之七月，其時間只有整整六年，而此六年他實際上主持了這一浩大工程。張邦基〈墨莊漫錄〉卷八載永叔曾孫歐陽望之言其二云：

公於修〈唐書〉，最後至局，專修「紀」、「志」，「列傳」則宋尚書祁所修也。朝廷以一書出於兩手，體不能一，遂詔公看詳（審定）列傳，令刪修爲一體。公雖受命，退而歎曰：「宋公於我前輩，且人所見多不同，豈可悉如己意！」於是一無所易。書成奏御。史局舊例，修書只列書局中官高者一人姓名，云「某等奉敕撰」，而公官高當書。公曰：「宋公於列傳亦功深者，爲日且久，豈可掩其名而奪其功乎？」於是紀、志書公姓名。此例皆前未有，自公爲始也。宋公聞而喜曰：「自古文人不相讓而好相陵掩，此事前所未聞也。」

歐公不僅在具名問題上顯示出高尚品德，而且於書成前後都表現了高度的責任感。他每日必到書局視事，只有兩次除外。一次是嘉祐二年（一〇五七），「雨不止，情意沉鬱，泥深，不能至書局。」（見卷一四九「與梅聖俞（堯臣）書」之四四）一次是嘉祐五年（一〇六〇）盛夏，「某爲之翰（孫甫）家遺僕坐門下，要誌銘，所以兩日不能至局。」（見卷一四八「與劉侍讀原父（敞）書」之十三）主持者尚且如此，編纂人勞瘁可知。歐公〔歸田錄〕卷二云：「（梅堯臣）晚年與修〔唐書〕，書成未奏而卒，士大夫莫不歎惜。其初受敕修〔唐書〕，語其妻刁氏曰：『吾之修書，可謂猢猻入布袋矣！』」這個比喻是說不可能再逃脫出來，那麼梅氏之死太半是勞累所致，也從一個側面反映出修史的浩繁且艱苦。〔新唐書〕嘉祐四年（一〇五九）已告修竣，是年歐公「與王懿恪公君貺（拱辰）書」之三云：「修〔唐書〕已寫進本，然卷帙多，須數月方了。」五年七月戊戌是奏進之日，事情當然還不算完結。但是等到付梓，卻發現問題不少。「與王郎中道損書」（卷一四七）之三云：「蓋以〔唐書〕甫了，初謂遂得休息，而卻送本局寫印本，一字之誤，遂傳四方，以此須自校對，其勞苦牽迫，甚於書未成時，由是未遑及他事。」前帖言及「本紀」第四、五，這正是歐公編寫的責任範圍，而既有「定本」、「淨本」以及「點對」之說，可知肯定作於開刻前的校對階段，也就是奏進之後。「定本」即前引所謂「進本」，而「淨本」也就是清樣了。文集卷一五二收有嘉祐三年「與修史學士書」三通，是寫給書局同事呂夏卿的。可見歐公於業務往來有使用短簡的習慣。不過此二帖純屬技術問題，應是與輔助人員如校書郎一類小吏的便函。

3.集古錄跋尾四則合卷

本帖凡五十八行，共七百九十二字，今藏臺北故宮博物院。文字如下：

右漢西嶽華山廟碑，文字尚完，可讀。其述自漢以來云：高祖初興，改秦淫祀，太宗承循，各詔有司，其山川在諸侯者，以時祠之。孝武皇帝修封禪之禮，巡省五岳。立宮其下，宮曰集靈宮，殿曰存仙殿，門曰望仙門。仲宗之世，使者持節，歲一禱而三祠，後不承前。至於亡新，寖用丘虛。孝武之元，事舉其中，禮從其者，但使二千石歲時往祠。自是以來，百有餘年，所立碑石，文字磨滅。延熹四年，弘農太守遠逢修廢起頓，易碑飾闕，會遷京兆尹，孫府君到，欽若嘉業，遵而成之。孫府君諱璆。其大略如此。其記漢祠四岳，事見本末。其集靈宮，他書皆不見，惟見此碑，則余於集錄，可謂廣聞之益矣。治平元年閏月十六日書。

右漢楊君碑者，其名字皆已磨滅。惟其銘云明明楊君，其姓尚可見爾。其官閥始卒，則粗可考云。孝順皇帝西巡，以椽史召見，嘉其忠臣之苗，器其璵璠之質，詔拜郎中，遷常山長史，換犍爲府丞，非其好也，迺翻然輕舉。宰司累辟，應于司徒，州察茂才，遷鯛陽侯相、金城太守。南蠻蠢迪，王師出征，拜車騎將軍從事。軍還策勳，復以疾辭。後拜議郎、五官中郎將、沛相。年五十六，建寧元年五月癸丑，遘疾而卒。其終始頗可詳見，而獨其名字泯滅爲可惜也。是故，余嘗以謂，君子之垂乎不朽者，顧其道如何爾，不託於事物而傳也。顏子窮臥陋巷，亦何施於事物耶，而名光後世。物莫堅於金石，蓋有時而弊也。治平元年閏五月廿八日書。

右陸文學傳，題云自傳而曰，名羽，字鴻漸。或云，名鴻漸，字羽。未知孰是。然則，豈其自傳也？茶載前史，自魏晉以來有之，而後世言茶者，必本鴻漸。蓋爲茶者書，自羽始也。至今俚俗，賣茶肆中多置一瓷偶人，云是陸鴻漸。至飲茶客稀，則以茶沃此偶人，祝其利市。其以茶自名久矣，而此傳載羽所著書頗多，云〈君臣契〉三卷，〈源解〉三十卷，〈江表四姓譜〉十卷，〈南北人物志〉十卷，〈吳興歷官記〉三卷，〈湖州刺史記〉一卷，〈茶經〉三卷，〈占夢〉三卷，豈止〈茶經〉而已也。然佗書皆不傳，獨〈茶經〉著於世爾。

右平泉山居草木記，李德裕撰。余嘗讀鬼谷子書，見其馳說諸侯之國，常視其人賢愚材性剛柔緩急，而因其好惡、喜懼、憂樂而捭闔之，陽開陰閉，變化無窮，顧天下諸侯，無不在其術中者，惟不見其所好者，不可得而說也。以此知君子宜愼其所好，泊然無欲，而禍福不能動，利害不能誘，此鬼谷之術所不能爲者也，是聖賢之所難也。

永叔「與蔡君謨求書集古錄序書」（卷六九）之：「嚮在河朔，不能自閑，嘗集錄前世金石之遺文，自三代以來古文奇字，莫不皆有。中間雖罪戾擯斥，水陸奔走，顚危困踣，兼之人事吉凶，憂患悲愁，無聊倉卒，未嘗一日忘也。蓋自慶曆乙酉（五年，一〇四五）逮嘉祐壬寅（七年，一〇六二），十有八年，而得千卷。顧其勤至矣，然亦可謂富哉！」自稱千卷，但今唯十卷而已。「集古錄目序」（卷四一）云：「以為〔集古錄〕，以謂傳寫失眞，故因其石本，軸而藏之，有卷帙次第而無時世之先後，蓋其取多而未已，故隨其所得而錄之。又以謂聚多而終必散，乃撮其大要，別為〔錄目〕。」那麼此十卷即是「撮其大要」者了。「與劉侍讀原父（敞）書」（卷一四八）之二云：「愚家所藏〔集古錄〕嘗得故許子春（元）為余言，集聚多且久，無不散亡，此物理也，不若舉取其要，著為一書，謂可傳久。余深以其言為然。」從上引可知，其一，歐公的跋尾撰寫並非依朝代先後，而是「隨其所得而錄之」。其二，他是聽從許元之勸告，才作百裡挑一的沙汰的。

為了佔有資料，永叔可謂煞費苦心。他的資料除自家舊藏外，還有三個來源。一是索取別人的庋藏。如顏眞卿「宋公（璟）碑」二本，即得諸酷好顏書的韓琦（見卷一四四「與韓忠獻王稚圭書」之十）。二是託朋友在任所尋訪。如求金陵馮京、成都王素及某縣張職方將當地的摩崖碑刻推搨後寄與（俱見與其人書簡）。三是有心的朋友投其所好。如知永興軍劉敞和鳳翔判官蘇軾向他提供新出土的周代禮器金文搨片（見〔集古錄〕卷一）。每有收穫，都使歐公產生暴富般的喜悅，他浸淫其中，樂此不疲。「與王懿敏公仲儀（素）書」（卷一四六）之五云：「蜀中碑文，雖古碑斷缺僅有字者，皆打取來。如今只見此等物粗有心爾，餘皆不入眼也。」「與劉侍讀原父書」（卷一四八之二）云：「所謂『黑鬼』（按指搨本）者，雖老鈍之人媚著，然亦不為無益也。」此二書皆繫於嘉祐四年（一〇五九）。按，是年永叔不得不從事的職務為奉敕「删定〔景祐廣樂記〕」（〔年譜〕），這自然是乏味又難堪的差事。但他寫到「集古錄跋尾」卻不遺餘力，正因成果甚豐，以致摯友產生一些懷疑，「與王深甫（回）論世譜帖」（卷六九）：「〈集古錄〉未始委僮奴。」這句話可謂是辟謠的聲明。

歐陽修在撰述時學風極其嚴謹，同一碑帖往往數易其稿。今本「集古錄跋尾」有時將採自「集本」和「眞蹟」的不同文字並錄，以後備人參照。本帖第二則「漢楊君碑」在「集古錄跋尾」卷二，最後定名為「後漢沛相楊君碑」，文後署期為「治平元年六月十日」，也就是說定本比本帖需晚半月，而文字幾乎是重起爐竈。除了放在卷一的「後漢西嶽華山碑」與本帖第一則相比有數字竄易之外，第三則（收卷七）和第四則（收卷八）皆有不同程度的增益。如取以比勘，相信誰也不會不由衷敬佩歐公治學精神的一絲不苟。

「余於〈集錄〉，可謂廣聞之益矣」一句，定本改為余之〈集錄〉，不為無益矣」。雖然更見謙遜，但實表現為有功於史學的矜持。這層意思經常出現在成功地以碑補史或正史之後，確也可以看作是他的得意之處。大凡一個人造福於社會，功被於後世，得到的名譽和地位倒在其次，而眞正的實益還在現身。倘若歐公不撰寫〈集古錄〉，他肯定不會刻意覓求如此衆多前所未見的古代名蹟，而失去了這一造就大書家不可或缺的條件，或許永叔的書法還不能得到脫胎換骨的改觀。治平元年（一〇六四）的歐書與嘉祐元年（一〇五六）即八年前的「灼艾帖」相比，簡直可謂是判若二人。東坡「跋歐陽文忠公書」（卷六九）云：「歐陽文忠公用尖筆乾墨作方闊字，神采秀發，膏潤無窮。後人觀之，如見其清眸豐頰，進趨裕如也。」說的就是他晚年的書法。這時如能起江鄰幾於九泉，讓他定不致如此小覷永叔了。張邦基〔墨莊漫錄〕卷八鈔載歐公嘉祐六年（一〇六一）的九則箚記，按語云：「右永叔所書九事，頃在京師貴人家見之，書之字畫清勁，多柳誠懸筆法，愛而錄之。」其實他的書法比柳公權更為淳古。這樣高華的格調，使他迥乎超越時輩之上，就是被永叔備加推崇的蔡君謨也瞠乎其後，望塵莫及。皇祐五年（一〇五二）前，歐公接受君謨的建議才開始學書，「與梅聖俞（堯臣）書」之二七云：

某亦厭書字，因思學書各有分限，殆天之稟賦，有人力不可強者。往年學弓箭，銳意三四年不成，遂止。後又見君謨言學書最樂，又銳意為之，寫來寫去，轉不如舊日，似逆風行船，著盡氣力，只在舊處，不能少進，力竭心倦，遂已身老矣，安能自苦如此耶！乃知古今好筆蹟，眞可貴重也。今後只看他人書，亦可為樂，不能生受得也！

那時他因自信不足，只能以外行自居。但彼一時也，此一時也，此時他儼然已是專家：深諳書理，明瞭創新，很多閃爍著眞知光芒的精辟書論皆於晚年誕生。因此，我評價〔集古錄〕對於趙宋尤其對他自己，都有著劃時代的偉大意義。

4. 氣候帖

本帖凡八行，共七十四字。今藏臺北故宮博物院。文字如下：

修啓：氣候不常，承動履清安。辱簡誨存問，感愧。修拙疾如故，然請外非為疾，亦與諸公求罷而從容於進退者異也。諒非遂請，不能已，然亦必易遂也。承見諭，敢及之。修頓首，元珍學士。子固伸意。

〔東坡志林〕卷五記歐公語曰：「少時有僧相我：『耳白於面，名滿天下；脣不著齒，無事得謗。』其言頗驗。」永叔之「無事得謗」，也許除治平四年（一〇六七）被自己一手提攜的蔣之奇污衊爲與長媳吳氏有染，純屬造謠誹謗外，似皆不可謂事出無因，本帖的發生背景即是明顯一例。

仁宗晚年無子而身體時爲衰病所困。范鎮首昌建儲，群臣響應，屢請之下，終得恩準，遂立皇從兄濮安懿王允讓之子趙曙爲嗣。仁宗晏駕，皇子踐祚，是爲英宗。然而，濮王的身份問題便凸現出來。治平二年（一〇六五）六月，「濮議」正式拉開序幕。司馬光、王珪（皆四十七歲）首先提出應稱濮王爲「皇伯」，附議者爲呂誨（五十二歲）、范純仁、呂大防（皆三十九歲）等人。參知政事歐陽修（五十九歲）卻以爲尊生父爲伯不合古禮，宜稱「皇考」，得到宰相韓琦（五十八歲）的支持。兩派各持己見，陷入僵局。其實此事伊始即壁壘分明，無疑是新銳與老成的權力之爭。翌年正月，呂誨先後十一次奏請依王珪等議，不報；自己乞免臺職，仍無答覆。於是他聯合范純仁和呂大防奏言：「豺狼當路，擊逐宜先；姦邪在朝，彈劾敢後？伏見參知政事歐陽修，首開邪議，妄引經據，以枉道悅人主，以近利負先帝；欲累濮王以不正之號，將陷陛下於過舉之議。」（見〔長編〕）請治歐陽修、韓琦以及「依違其間」的曾公亮（六十七歲「和趙槩（約七十歲）之罪。歐陽修遂予以堅決的反駁。此事後以英宗降詔。稱「親」不尊「皇」，仍稱濮王，造陵園，即相折衷而告終。呂誨等復爭不已，俱遭貶斥。自願同貶者有趙瞻（四十七歲）、傅堯俞（四十二歲）、韓維（四十九歲）、呂公著（四十八歲）等。這些人除呂誨外都在五十以下，因此歐陽修認定呂氏爲謀主。於是「人以群分」的勢態眞可謂洞若觀火了。回想景祐三年永叔三十歲時，范仲淹（四十八歲）攻宰相呂夷簡（五十八歲）用人唯親被貶饒州，自願同罪者有余靖（三十七歲）和尹洙（約三十六歲），永叔責司諫高若訥被貶夷陵，顯示出捨身取義的大無畏氣慨。歷史似乎是在重演，所不同的是，歐公主客的位置正好顚倒了。

「濮議」風波雖告平息，但歐陽修氣猶未平。他自三年三月二十四日上「再乞外任第一表」起，至四月初七日批答不允止，共上三表五箚子（俱見卷九二）。「第三箚子」（俱見卷九二）。「第三箚子」有云：「陛下每降答諭，丁寧獎勗，所以過賜優待臣之恩禮，亦已至矣，而臣不能仰遵聖訓，力疾就職，而猶更哀鳴、上煩天聽者，蓋臣義不獲已，與近日韓琦、曾公亮、胡宿等從容於進退者事體不同也。」「義不獲已」意思是說正義未伸、寃屈未直。因爲自己還背著首開邪議的黑鍋，不像韓琦諸公可以拍拍屁股走人，不擔任何罪名。這句話與本帖「亦與諸公求罷而從容於進退者異也」基本相同而涵義更爲顯豁，可見是爲同一事而發。由於永叔以乞外要狹，大有不達目的誓不罷休的勢頭，因此帖云「諒非遂請，不能已，然亦必遂也」，但不知何以再上兩通箚子後卻戛然而止了。總之，本帖當作於治平三年（一〇六六）的四月之初。

這個老人變得固不可徹。他治平四年在亳州又寫了〈濮議〉四卷（卷一二〇至一二三），載其事始末，欲後世留下評判是非的依據。他這樣做，應出於自信眞理在握的充分估計。然而後世對於歐公一生大節有所疵議者，恰恰就是此事。南宋羅大經〈鶴林玉露〉丙編卷二，針對〈濮議〉中攻擊呂誨等御史無大臣過失可彈劾，發現濮議正是一個可以倒閣的「好題目」云云反唇相譏曰：「歐公此論，卻欠反思。若如此，則前此己爲諫官侍從時，每事爭辯，豈亦是貪美名、求奇貨、尋好題目耶！」誠然，在毫無利害關係的後人看來，呂誨今日之所爲與歐公昔年之所作，實質上沒有根本區別。難怪歐公自以爲得理不讓人的頑固立場，不僅不能博得同情，反而招致反感了。

當時在權力中心之外對永叔表示贊同的，以前只是一個投機分子蔣之奇，但其意圖倒極純粹，只想溜鬚拍馬而求得晉升。及至賴歐公之力得到御史後，卻倒戈造出卑鄙的謠言來了。現在通過考證知道，對歐公至誠聲援或表示私下同情的，至少還有一個本帖的受主丁寶臣（元珍）。歐公昔貶峽州夷陵（治今湖北宜昌）時，丁氏是峽州通判。當時州人聞公之來，避之如同瘟疫，只有丁寶臣先馳書致禮，使歐公大爲感動（見卷六七「回丁判官書」），從此成爲至交。二人締交及今已近三十年了。寶臣皇祐四年（一〇五二）知端州（今廣東肇慶）時因儂智高圍攻而棄城，受到停官處罰。八年後只做到湖州監酒務。嘉祐五年（一〇六〇），歐陽修上「舉丁寶臣狀」（卷一一二），請求「與一親民差遣」，作出「如後犯入己贓，臣甘當同罪」的擔保，丁氏方得差越州諸暨縣令。八年九月十八日，元珍調京編校祕閣書籍（參拙文「錢公輔別久帖考」），但至收本帖時編校工作已屆尾聲，也準備回老家常州「待闕」了。作爲老友，對於永叔一再請外，首先是猜想是身體的原因，因爲在濮議前半載的治平二年正月二十三日歐公所上「乞外任第一表」，以及批答不允後繼上的二表二劄（俱見卷九二），強調理由主要就是體弱多病。誰料到永叔的答覆竟是「拙疾如故，然請外非爲疾」！與名譽相比，身體畢竟是可以置之度外的了。

帖尾附筆的「子固」，即曾鞏。他是嘉祐二年（一〇五七）歐陽修知貢舉時進士及第的「門生」。歐公對他的才學頗爲賞識。三年之後，永叔「舉章望之曾鞏王回等充館職狀」（卷一一二）對他有極高評價：「太平州司法參軍曾鞏，自爲進士已有時名，其所爲文章流布遠邇，志節高爽，自守不回。」濮議之時，當無曾氏廷對資格，但他寫了「爲人後議」（〔元豐類稿〕卷九），實爲歐公持論引經據典。葉夢得〔石林燕語〕卷一以爲「此蓋附永叔之意」，但此文無疑大獲其心。歐公作本帖時，曾鞏爲館閣校勘，因與元珍同事，故附筆及之，也可看是對他的一個贊賞。

5. 上恩帖

本帖凡十六行，共一百四十字。今藏臺北故宮博物院。文字如下：

修啓：修以衰病餘生，蒙上恩寬假，哀其懇至，俾遂歸老。自杜門里巷，與世日疏。惟竊自念，幸得早從當世賢者之遊，其於欽嚮德義，未始少忘於心耳。近張寺丞自洛來，出所惠書，其爲感慰，何可勝言。因得仰詗起居，喜承宴處優閑，履況清福。春候暄和，更冀爲時愛重，以副搢紳所以有望者，非獨田畝垂盡之人區區也。不宣。修再拜，端明侍讀留臺執事。三月初二日。這是封寄司馬光的書簡。

〔長編〕熙寧四年二月辛酉（五日）：「知永興軍、端明殿學士兼翰林侍讀學士司馬光知許州。光在永興，宣撫司請增修城壁，雖內郡不被邊，亦增修如邊郡，光奏罷之。又請添屯軍馬於長安、河中、邠州。光言歲凶民艱食，懼無以供億，乞罷添屯，不許。宣撫司賦民造乾糧麨飯。光以爲昔常造，後無用，腐棄之，民力可借。又奏乞災傷地分所欠青苗錢，許重疊倚閣，仍牒所部八州軍，未得依司農寺指揮催理，詔提舉司催理如司農寺指揮，不得施行光牒。光知言不用，遂乞判西京留司御史臺，不報。又上章曰：『……今陛下惟安石之言是信，安石以爲賢則賢，以爲愚則愚，以爲是則是，以爲非則非；諂附安石者，謂之忠良，攻難安石者謂之讒慝。臣之才識，固安石之所愚，臣之議論，固安石之所非。今日所言，陛下之所謂讒慝者也。伏望陛下聖恩，裁處其罪。若臣罪與范鎮同，即乞依范鎮例致仕；若罪重於鎮，或竄或誅，所不敢逃。』詔光移知許州，令過闕上殿。或曰：『陛下不能用光言，光必不來。』上曰：『未能用其言與否，如光者常在左右，人主自可無過矣。』光訖辭許州，固請留臺。久之，乃從其請。光自是遂絕口不復論新法。」李燾注：「留臺得請乃四月十九日癸酉。」作爲變法對立面的代表人物司馬光，至此才徹底明白舊黨勢力實難以與由神宗撐腰的王安石分庭抗禮，於是只求一個遠離是非的清靜去處以完成他的千秋事業〔資治通鑑〕了。洛陽的獨樂園，我看不如叫「失樂園」更爲確切。

就在司馬君實韜光養晦後兩月，歐陽修從蔡州以太子少師、觀文殿學士致仕。歐公時年六十五歲，尚未至七十引年休致的通常年限。事實上，仁英二朝對於及年戀棧而自陳康強者皆採取聽任的寬容態度。宋人對歐公提前退休有頗多議論，魏泰〔東軒筆錄〕卷四云：

歐陽修致仕居潁。蔡承禧經由潁上，謁於私第，從容言曰：「公德望隆重，朝廷所倚，未及引年而遽此高退，豈天下所望也？」歐陽公曰：「吾與世多忤，晚年不幸爲小人誣衊，止有進退之節，不可復令有言而俟逐也。今日乞身，已爲晚矣。」小人，蓋指蔣之奇也。

周煇〔清波雜志〕卷九云：歐陽公爲西京留守推官，事錢思公（惟演）。……思公既貶漢東，王文康公晦叔（曙）爲代。一日，訝幕客多遊，責曰：「君等自比寇公（準）何如？萊公尚坐奢縱取禍！」衆不敢對，歐公取手扳起立曰：「以某論之，萊公之禍，不在杯酒，在老不知退爾。」四座偉之。是時文康年已高，爲之動。故歐公六十五即休致。門生或有言：「公德爲朝廷倚重，且未及年，豈容遽去？」公答曰：「某平生名節，爲後生描畫盡，唯有早退以全晚節，豈可更被驅逐乎？」以是知公未老告歸，蓋以文康公爲戒，且踐疇昔之言也。

魏泰把歐公所謂「小人」指實爲蔣之奇，頗有混淆視聽之嫌。蔣氏誣衊事在治平四年，去歐公致仕已早四載。歐公辯誣後乞知亳州，又歷青州、太原（未行），最後從蔡州致仕，可見並非是爲了蔣之奇。竊以爲歐公所指是王安石。恐周魏泰是王安石親黨曾布的內弟，剛他自己也與安石關係非同一般，便曲意爲王氏開脫。

歐公本傳云：「及守青州，又以請止散青苗錢，爲安石所詆，故求歸愈切，熙寧四年，以太子少師致仕。」〔長編〕熙寧三年七月辛卯（三日）：「詔新判太原府歐陽修罷宣徽南院使，復爲觀文殿學士知蔡州。先是，修病辭宣徽使，至五上，因論青苗法，又移書責王安石，安石不答，而奏從其請。」李燾著：「修辭太原移書責王安石，安石不答，而奏從其請，此修晚節不污，所以得爲君子也。

紹聖史官乃諱其事，簽貼云：『取會並無出處。』輒刪去。今復存之。」可見作曲筆回護者不止魏泰一人。

〔長編〕熙寧三年五月庚戌（二十一日）記神宗與宰相王安石論及歐陽修，原先神宗有復起用歐公為參知政事之意，王安石曰：「寧用尋常人不為梗者。」也即是把歐陽修目為新法的搗亂份子。神宗曰：「亦須用肯作事者。」安石曰：「用肯作事固佳，若所欲作與理背，即誤陛下所欲為。」及至熙寧四年六月甲子（十一日），歐公在蔡州數上章乞骸骨，神宗欲留，王安石竟惡狠狠地說：「如此人，與一州則壞一州，留在朝廷則附流俗、壞朝廷，必令留之，何所用！」難道歐陽修不是被「描畫盡」了麼？周煇所記「後生」，顯然也是指的王安石。

正如歐公的兒輩發等所述：「先公生平以獎進賢材為己任，一時賢士大夫雖潛晦不為人知者，知之無不稱譽薦舉，極力而後已。」（見〔歐陽文忠公集〕附錄五「先公事蹟」）他對蘇洵父子、曾鞏是如此，對王安石也未嘗不是如此。葉夢得〔石林避暑錄話〕卷二云：

王荊公初未識歐文忠公，曾子固力薦之，公願得游其門，而荊公終不肯自通。至和中為群牧判官，文忠還朝，始見知，遂有「翰林風月三千首，吏部文章二百年」之句，然荊公猶以為非知己也，故酬之曰「他日儻能窺孟子，此身安敢望韓公」，自期以孟子而處公以韓愈，公亦不以為歉。及在政府，薦可為宰相者三年，同一箚子，呂司空晦叔（公著）、司馬溫公與荊公也。

按歐公贈詩還有一聯「老去自憐心尚在，後來誰與子爭先」。其實前聯之意甚為顯豁，他稱譽王安石詩文是當代的李翰林白和韓吏部愈，那麼安石答詩根本不是「處公以韓愈」，而是認為歐公比喻不當，自己要做就是亞聖，韓愈又何足道哉！話雖似謙恭，但歐公既「不以為歉」，便說明他也已看出是反話。狂妄的王安石顯然看不起歐陽修，當然也不會感激他的提攜，安石得志以後對歐公的種種無禮便說明了這一點。歐公銜恨王氏為忘恩負義的小人，至少比區區蔣之奇要痛恨得多。

司馬光原在濮議時首先發難，後來被呂誨搶當了主角。呂誨等被貶，司馬光上奏，坦然承當首議之罪：「今堯俞等六人盡已外輔，獨臣一人尚留闕下，使天下之人皆謂臣始則倡率眾人，共為正論，終則顧惜祿位，苟免刑章。臣雖至愚，粗借名節，受此指目，何以為人？」（見〔長編〕治平三年三月辛酉）儘管求罷未許，但歐陽修對此肯定不悅。誰料不足一年之後，即治平四年正月神宗繼位未久，歐公便作「薦司馬光劄子」（卷一一四）云：

臣伏見龍圖閣直學士司馬光，德性淳正，學術通明。自列侍從，久司諫諍，讜言嘉話，著在兩朝。自仁宗至和服藥之後，群臣便以皇嗣為言，五六年間，言者雖多而未有定議。最後光以諫官極論其事，敷陳激切，感動主聽，仁宗豁然開朗，遂決不疑。由是先帝選自宗藩，入為皇子。曾未踰年，仁宗奄棄萬國，先帝入承大統。蓋以人心先定，故得天下帖然。今以聖繼聖，遂傳陛下。由是言之，光於國有功不淺矣，可謂社稷之臣也！而其識慮深遠，性尤慎密，光既不言，故人亦無知者。臣以忝在政府，因得備聞其事。臣而不言，是由蔽賢掩善。〔詩〕云：「無言不酬，無德不報。」光今雖在侍從，而其忠國大節，隱而未彰，臣既詳知，不敢不奏。

此事實甚蹊蹺。立嗣國安危，群臣奏議，衆目睽睽，司馬光翊戴定策之功，豈能成爲歐陽修不說就無人知曉的「獨家新聞」？他向二十歲的神宗灌輸這難經推敲的信息，無非基於一個打動龍心的簡單推理，即陛下是英宗親子而英宗爲仁宗嗣儲，你能有今日，多虧當年司馬光的諍諫！可惜這一番苦心，絲毫未能奏效。

對於數月後仍在亳州寫〔濮議〕的歐公而言，他並非仁恕解仇之人。他在文章中攻訐王珪、呂誨、范純仁、呂大防等而隻字不提司馬光，與他似盡釋前嫌薦舉司馬光一樣，我覺得出於同一目的，即扶植一支堪與王安石相抗衡的勢力，從狹隘的觀點來看，也就是報他的一箭之仇。因爲濮議塵埃落定，反對派已不足以構成取代老臣的威脅，而司馬光之所以巍然獨存，全由朝廷青睞和倚重之故。因此歐公對他情有獨鍾了。就是到了司馬光鎩羽而歸以後，歐公還是對他慰勞有加，如本帖之「更冀爲時愛重，以副搢紳所以有望者，非獨田畝垂盡之人區區也」。誠然，對年富力強的司馬光寄以克復厚望的，不獨歐陽修一人，他只是代表了那些被變法剝奪特權而又無力報復的老臣，爲他們披露了共同的心聲罷了。

歐公力薦司馬光前兩年，王安石母喪已經服闋，但在金陵屢召不赴，稱疾塞責，大有引而不發、窺測時機之意。清顧棟高〔王荊國文公年譜・治年四年〕：「公侏英宗世未嘗起，韓維、呂公著兄弟更稱揚之。帝在潁邸，維爲記室，每講說見稱，輒曰：『此非維之說，維友王安石之說也。』維遷庶子，又薦公自代。帝由是想見其人。及即位，召之，不至，帝謂輔臣曰：『安石果病耶？有所要耶？』

曾公亮曰：『安石眞輔相材，必不欺罔。』遂有江寧之命，詔至，一辭，旋視事。」所以神宗欲大用安石的情勢是盡人皆知，也許保守派是更敏感地覺察到了。這只須看看蘇洵的「辨姦論」便可知道。蘇文不指名地影射王安石「衣臣虜之衣，食犬彘之食，囚首喪面而談〔詩〕〔書〕」，顯然是居喪毀瘠的情況，因此張方平「文安先生墓表」係此文於王安石守制時是不錯的。老蘇預言「其爲天下患必然而無疑者」，也應該代表其舉主歐陽永叔對王安石的態度。

本帖作於熙寧五年，去其逝世已不足半載。

註：周密〔齊東野語〕卷十二：「舊傳焦千之學於歐陽公，一日，造劉貢父（邠）。劉問：『〔五代史〕成邪？』焦對：『將脫稿。』劉問：『爲韓瞠眼（通）立傳乎？』焦默然。劉笑曰：『如此，亦是第二等文字耳。』」按韓通〔新五代史〕未收，唯見〔宋史・周三臣傳〕。又〔新五代史〕只標歐陽修撰，徐無黨注，未及焦千之。

另有「灼艾」帖今藏北京故宮博物院，缺墨寶複印本

6. 灼艾帖

本帖凡六行，共六十九字。今藏北京故宮博物院。文字如下：

修啓：多日不相見，誠以區區。見發言，曾灼艾，不知體中如何？來日修偶在家，或能見過？此中醫者常有，頗非俗工，深可與之論榷也。亦有閑事，思相見。不宣。修再拜，學正足下。廿八日。

帖中之「發」，即公之長子歐陽發（字伯和，一〇四〇——一〇八五）。「見發言」即聽大兒說。

〔歐陽文忠集〕卷一五〇「與焦殿丞千之書」有兩封所及事情和行文措詞與本帖頗多相似之處。其七云：

見兒子言，尊候違和，豈非患腹臟邪？秋後愼生冷爲佳。以數日不相見，甚思渴。

其八的「商榷」也就是本帖的「論榷」：

數日不承問，不審體中如何？當漸平和，但怪不見過，故此奉問。凡疾病不欲滯鬱，頗須消息，有以散釋，其效多服於藥。若能出入，幸相過；要人馬，來取。至於藥物，亦當商確，乃盡其理。

由是觀之，「學正足下」頗可能即是焦千之。

焦千之（？——一〇八〇）字伯強，潁州（今安徽阜陽）人，流寓潤州（今江蘇鎭江）。他也許在皇祐元年（一〇四九）歐公知潁時成爲門人。「始生及吾門，徐子喜驚踊。曰此難致賢，一失何由踵？」（卷四「送焦千之秀才」詩）假另一學生徐無黨之口寫出對千之的贊賞態度。皇祐五年（一〇五三），焦千之潤州鄉試失解。時歐公丁母憂居潁，遂勸其棄去科場文字，專意經術，並敦促他決然北首，相隨講訓（見與焦書之一）。但焦氏後來還是由別途獲得進士出身。〔長編〕嘉祐六年四月庚辰（二十七日）：「初，諸路敦遣行義文學之士赴京者二十三人，其至者十六人，皆館於太學，即舍人院試論策。」五月丙戌（四日）：「賜徐州顏復、潤州焦千之、成都張裮、荆南藥（當爲樂）京等進士出身。」其實千之只是京師回潤州小住裝裝樣子，就算名義上由當地推薦遺逸了，這顯然有歐陽修的斡旋幫助。在焦千之獲得出身的七八年間，他一直從學於歐公，除了協助歐公編纂〔新五代史〕

外（註），還料理一些家務，誼同家人。至和二年（一〇五五），歐陽修「與澠池徐宰無黨書」（卷一五〇）之三云：「焦秀才亦在太學補監生。」同一年「與焦殿丞千之書」之二云：「陰雨泥甚，不欲頻奉邀，蓋知請假甚艱也。某恐不久出疆（按是年八月十六日，永叔命爲契丹國母生辰使），欲且奉託與照管三數小子。某來日遂移過高橋宅中，俟稍定疊，便去般（搬）出學（太學），恐先要知。仍請具此白胡先生知爲妙，至時恐要人般挈，請示及。」按「胡先生」即胡瑗，時爲國子監直講。歐陽發時年十六歲，入太學已有一年（張耒〔張右史集〕卷五九「歐陽伯和墓誌銘」云十五師事胡瑗），歐公或爲便於兒子上學而暫僦學舍。焦千之雖補監生，與伯和爲同學；但二人年齡相差至少十歲，也可知信中託其照管的「三數小子」，即歐陽奕（十一歲），歐陽棐（九歲）和歐陽辯（七歲）。

所謂「學正」，亦即太學正。〔宋史・職官五・國子監〕：「正、錄：掌舉行學規，凡諸生之戾規矩者，待以五等之罰，考校訓導如博士之職」。同書〔選舉三・學校試〕：「皇祐末，召（胡）瑗爲國子監直講，數年，進天章閣侍講，猶兼學正。」本帖的學正之所以不會是胡瑗，乃因爲直講爲正八品，學正爲正九品，歐公稱呼絕無捨高就低之理，另外皇祐末歐陽發尚未入學，也不可能有「曾灼艾」的目擊。〔中國歷史大詞典・宋史〕「學正」條謂：「仁宗時，太學選差學生任學正，爲太學職事之一。」其實不僅仁宗朝如此，徽宗時太學生百餘人共試「汴都賦」，獨太學外舍生周邦彥所作稱旨，遂擢爲太學正。焦千之有較深資歷，被選爲學正是完全可能的，歐以命他通知胡先生安排學生幫助搬家，似其一入太學，身份便與衆不同。

本帖所云「灼艾」，即針灸，可見焦千之身體甚弱。歐公致焦千之書凡十六通，竟有六通是對他身體狀況表示關懷的。東坡「跋焦千之帖後」（卷六九）云：「歐陽文忠公言『焦子皎潔寒泉冰』者，吾友伯強也。……伯強之沒，蓋十年矣，覽之悵然。元祐五年二月十五日書。」則千之大概卒於元豐三年（一〇八〇），作為學生只比老師晚死八年，應是非常短壽的。歐公作於皇祐元年（一〇四九）知潁州時的「伏日贈徐焦二生」詩（卷四），有「奈何乖離才幾日，蒼顏非舊白髮增」之句，其時焦氏料想亦不過二十餘歲，理應血氣方剛卻衰老得如此迅速，益使本帖所致者為焦千之得到切實保證。前引歐公與千之書其七、八，文集繫於嘉祐元年（一〇五六），說到他身體狀況的另外四封，有三件亦繫於同年，因此有理由認定本帖亦幾於同時所書。

歐陽修的好友江修復（一〇〇五——一〇六〇）之〈江鄰幾雜志〉云：「永叔書法最弱筆，濃磨墨以借其力。」吳曾〈能改齋漫錄〉卷十：「江鄰幾與歐陽公契分不疏，晚著〈雜誌〉，詆公尤力。梅聖俞以為言，而公終不問。鄰幾既死，公弔之，哭之痛，且告其子曰：『先公埋銘，修當任其責矣。』故公敘銘鄰幾，無一字貶之。」歐公以德報怨固值得稱道，但說江氏一味詆毀，事恐不至如是。至少我認為他對歐公書法的評價有其客觀的成份。本帖作於江氏卒前四年，他的針砭正是本帖那種墨雖不算太豐但弱確實存在的毛病。初看本帖，使人甚至產生是否偽蹟的錯覺。現既已考出書年，那麼本帖乃現存歐氏墨蹟中最早的一件。因此不禁感到在他餘生的十七年間，儘管目力日益昏眊，自述有時竟至僅分黑白的程度，但他似好學不卷、老而彌堅的刻苦精神取得了書法的長足進步，確實使人感動不已。

十六、大醉翁荊公鄉誼情深　吉安市井岡日報社長周振清撰

歐陽修和王安石同爲北宋著名政治改革家，共同追求政治改革理想，使他們結下了深厚友誼。綜觀兩人交往始末，基本上是義兼師友。清人全祖望稱王安石爲「廬陵門人」。王安石對歐陽修的道德文章也十分稱頌。說他生前能聞名當時，死後能流芳後世。

王安石歐陽修雖同爲江西人，原來並不相識。直到慶曆四年（一〇四四）曾鞏上書給歐陽修說：友人王安石雖中了進士，但爲人正直，很少正人交往。至和二年（一〇五五），歐陽修服母孝期滿，赴京恢復原職時才與相識，並寫了一首七律給王安石。其中有「翰林風月三千首，吏部文章二百年」之句。王安石在酬謝詩中說：「它日尚能窺孟子，此身安取望韓公。」嘉祐二年（一〇五七）文忠公以翰林學士資格主持禮部貢舉。由于他大力提倡平實樸素文風，排斥西昆派「險怪奇澀」之文「太學體」，培養了一大批古文運動後起之秀，這就是蘇軾、蘇轍、蘇洵、曾鞏、王安石等人。素以爲國舉才薦賢爲己任的文忠公認爲王安石學問文章，知名當世，守道不苟。自重其身，議論通明，兼有時才之用，而舉薦他與呂晦叔司馬光三人爲相輔接班人。這時王安石也向仁宗上萬言書，建議在政治上改易變革，表現了他對宋代政治改革的偉大抱負。

載廬陵風情——晨晴集

神宗熙寧二年（一〇六九）王安石爲參政知事。當時北宋政府因用度大奢，賞賜不節，宗室繁多，官職冗濫，軍旅不精，每年財政虧空達一五七〇萬緡。天禧年間（一〇一七——一〇二一）財政收入爲一五〇八五、一萬緡，總支出一二六七七、五萬緡，還有臨時性特殊開支一一五二、二萬緡。二十年間輸賦增至十倍。在這鉅大財政赤字面前，作爲首輔王安石必須採取有力措施，精簡開支，擴大收入，這就必然會引起某些守舊勢力的不滿，反對和攻擊。

有史籍說，歐陽修曾反對過王安石變法，在青州抵制過青苗法。王安石爲相時也曾痛詆歐陽修。據近代思想家梁啓超考證，這些都是沒有事實根據的說法。梁啓超查閱了歐陽修的全部著作，都沒有看到非議王安石改革的言論。錢穆在「國史大綱」中指出：「王半山變法有南北地域背景、主變法皆南人」。何況王安石變法，有利於南方，作爲江西同鄉爲何要持反對態度呢？仁宗死後，趙曙繼位，治平二年（一〇六五）因議論趙曙父親濮王的封號，歐陽修和司馬光兩派發生了爭議。當時封建王朝爲了給皇室名正言順取個封號，要求群臣引經據典議論一番，這也是爲臣分內之事。可是反對派卻乘機對歐陽修進行人身攻擊。此時也逐漸厭宦海沉浮，便一再要求請辭政事。事實上歐陽修去亳州、青州、蔡州做地方官，並非貶謫。對「濮議之爭」，雖然宋明理學曾非議過歐陽修，但清代乾嘉學派卻持贊賞肯定態度。然而有趣的是，攻擊王安石變法改革最激烈的人，卻是彈劾歐陽修最起勁的呂誨。

熙寧四年（一〇七一）王安石拜相，歐陽修還致書祝賀。此前，歐陽修已調亳州、青州、蔡州做地方官了。此後，因病再沒有參與議政。熙寧五年（一〇二七）歐陽修去世，王安石曾撰忌文悼念。

高度評價歐陽修的道德品質，學術文章和氣概節操，表達王安石對他的深切懷念之情。明人茅坤說：有關歐陽公的祭文，當以王安石之文爲第一。清人蔡上翔說：王安石的祭文對歐公其人其文，其立朝大節，其坎坷困頓，與夫有生平知己之感，死後臨風想望之情，無不具于其中。

元豐八年（一〇八五），神宗去世，哲宗繼位，宣仁太后臨朝，由于以母后爲首保勢力堅決反對；王安石變革新法遂遭徹底破壞。

十七、題歐陽文忠公遺跡與祠祀

四川省成都大學中文系教授鍾樹梁

莘耕先生方家斧正

題歐陽禮先生著《歐陽文忠公遺跡與祠祀》

序：己卯元宵後二日，裴元章兄代贈臺灣歐陽禮先生所著此書，讀之欣然。歐陽禮先生爲文忠公三十二代孫。其書搜輯頗富，考訂甚精，大有功於吾華藝文之弘揚及歐公遺範之傳布。遂題七言歌行一篇，以志欽仰。

歐公詩文我幼讀，至老不忘輒三復。及讀新唐書與五代史（謂歐公所著《新唐書》及《新五代史》）德才識文馬班續。歐公古文我祖鈔（我之高祖父春橋公所鈔《古文指南》八大册，正楷加評點，朱墨燦然，歷刦今尚存，其中歐公之文多篇），二百年間藏於櫝。時移世改幸無傷，展卷拜誦溫以肅。

十四年前往揚州，平山堂上得清游。風流宛在謁遺像，朝中措詞重臨眸。我步公韻喜且慨，九百餘年小艇附長舟。寶書今承高孫贈，遺跡祠祀亘千秋。方夜讀書歐陽子（《秋聲賦》：「歐陽子方夜讀習」），聲聲猶在我心頭。童而習之刻心肺，壯游每似親人對。公之道德文章政事誨人多，星辰河嶽天不墜。更向歐陽禮君致贊辭，纘緒紹宗誠無愧。

成都鍾樹梁作於己卯元宵後三日

註：裴先章先生爲四川省黃埔同學會副會長

莘耕先生道席：知交裴先章兄代贈樹梁以先生大著歐陽文忠公遺跡與祠祀一書，十分感謝並深致景仰。先生趨行萬里，尋祖尋蹤；博覽群書，取材取則，孝思不匱，國魂丕張，至可敬也。即作敬題尊著之七言古詩一篇以奉，拙劣尚希　教正。又因連想及十九年前獨遊揚州，曾謁平山堂、史可法墓，游大明寺、西湖等處，作有詩詞。和歐陽公韻寫朝中措詞，亦繕寄求正。元宵甫過，補拜夏曆新年，專頌

康寧

便中請代致意席少丹先生

鍾樹梁拜上

莘耕先生　指正

一九九九年三月五日

朝中措

十八、二〇〇七年有關文忠公遺跡祠祀實況記述

1.廬陵事業起夷陵（今湖北省宜昌市）

宜昌市文物事業管理局李煜林先生函告：

(1)永叔公在夷陵（宜昌市）遺跡，目前僅留一處，即三遊洞石刻，其勒石曰：「景祐四年十月十日歐陽永叔判官丁同行到石。

(2)至喜亭爲知州朱慶基脩建，歐公作記，其意爲川江船工祭祀作憩之用

(3)歐公夷陵詩文已由尚久康先生編著出版刊行。

(4)歐公紀念館籌建之事，目前暫無此計劃，紀念歐公之公園已於二〇〇二年建成，總佔地一萬一千餘平方米。

(5)今年爲歐公千年誕辰，三遊洞管理處擬舉辦一次紀念文筆會，其方案正在籌謀中。

2.河南省開封市

開封市人民政府台灣事務辦公室張錫鳳主任函告：

歐陽文忠公與包公一樣深受開封人民的愛戴和敬仰，「包拯以威名震動都下，歐陽脩以寬簡譽滿朝野，」收到來信後，走訪了開封宋史研究家和開封府負責人答復如下：

(1)歐陽文忠無專祠，但在開封歷史上建有一座「名賢祠」，其中祭祀的有歐陽脩等，不知始於何時，可惜明末黃河決口淹沒。清代在開封府東轅門外建有一座包拯與歐陽脩的合祠名爲「包歐二賢祠」，也可惜于一九二七年馮玉祥拆廟時被毀。

(2)如今以宋代開封府衙爲原型的新建開封府，內有二處與歐陽文忠公相關：一是進府東向的六角碑亭中央立有「開封府題名記」複製石碑（眞跡在開封博物館存放），鐫刻北宋一八三任開封府尹的姓名和上任年月，第九十四位府尹就是歐陽修。二是開封主體建築議事廳，前廳是包公塑像，後廳一組雕塑是「商議寬簡治宗師」的場面，歐陽文忠公端坐在條案中，神態端莊供遊人共仰。

現開封府建在包公湖風景區，開封府的負責人告訴我，因居民拆遷費用太大，重建「二賢祠」近期沒有規劃，相信隨著開封經濟的發展，歷史文化遺跡「二賢祠」會恢復重建的。

開封是宋史，包公研究的中心地，開封府的負責人和一些專家學者，不久前還到西周八十多公里的新鄭攷察歐陽文忠公的墓地，可見歐陽公十分受到開封人的敬重和懷念。

3. 安徽阜陽市

安徽阜陽市歐陽修誕辰一〇〇〇週年紀念活動籌委員陸志成先生函告：

(1)舉行歐陽修誕辰一〇〇〇週年紀念大會

地點：阜陽市清河廣場

時間：二〇〇七年八月十一日（星期一）上午

議程：介紹歐陽修生平和在穎州主要事跡：歐陽脩後裔致辭，敬獻花籃，恭讀祭文。
承辦單位：市委會，市政府
(2)舉辦歐陽修文化學術研討會暨歐陽修研究會成立大會
時間：八月十一日至十二日，會期兩天
內容：編輯出版「紀念歐陽千年華誕學術專輯」。
承辦單位：阜陽師範院皖北文化研究中心。
(3)設立并評選歐陽修散文獎
時間：八月上旬公佈評選結果
承辦單位：市文聯、市作聯。
(4)舉辦歐陽修書畫展覽
時間：八月上旬
承辦單位：市文聯、市書協、市美協。
(5)舉行「天下知音—歐陽修」電視劇開機儀式
時間：七月上旬
承辦單位：市文化局
(6)編輯出版「歐公遺愛」一書

時間：七月中旬出版發行

承辦單位：市地方志辦公室

兩點建設：

⑴將清河廣場更名為歐陽文化廣場。清河廣場位于市委、市政府辦公區東側，佔地面積九六〇〇平方米，于二〇〇一年九月建成，同時在廣場內塑建歐陽修銅像，廣場石柱上銘刻歐陽修鑽美潁州西湖的詩文。

⑵統一制作紀念歐陽修誕辰一〇〇〇週年系列活動紀念品。

4.江西永豐沙溪西陽宮

江西永豐縣歐陽修紀念館歐陽勇函告：

江西永豐沙溪文忠故里西陽宮，原有「畫荻遺徵」坊，建於清代，一九七六年被沙溪中學拆除，原為紀念歐母畫荻教子而建，二〇〇〇五年同邑黃敏先生到沙溪瞻仰歐公遺跡，崇敬不已，捐資人民幣三萬元重建，並撰有聯語：

瀧岡毓秀賢慈懿範九州仰；

香水鍾靈太守文章百世師。（附圖六十一）

十九、河南省沈邱縣歐陽民續譜序言　廿六世孫　光撰

國家有歷史，縣域修縣志、教育志；人物有紀傳論，同姓之宗親何嘗不能寫敘家史？古云：「萬里長江必有源流，參天巨木必有根基，宇宙間萬物皆有來由」，而追「根」究「本」亦是我中華民族文化繁榮興盛，悠久永垂的關鍵所在。

我歐陽氏乃世之名族，年淹日久，時勢變遷，長幼世系紊亂不一，相遇呼喊傳爲笑，爲理順輩份特續此譜。溯我先祖文忠公，文章冠天下，西漢子長，唐朝退之是師，俟后一人而已，故爲文祖。而宋之老泉父子、兄弟、荆公、子固，皆系公之門生。公世居廬陵，四歲而孤，家貧無從致書以觀，受母荻訓，及長與富家藏書者借讀，手自筆錄，不敢稍逾約，得讀韓愈之文。天聖八年殿試，中甲科進士十四名，翰林學士，累官至副相參知政事，三遷大理寺，權知開封府，由于性爽敢諫，剛直不阿，斷案公正，執法如山，人譽同包孝肅公媲美。曾觸怒權貴，被謫出京，至滁爲太守，作亭琅琊山，自號醉翁，晚年從居皖北潁州，公在潁樂其風土，賣下西湖，置亭下卜居。公與尹師魯，晏公洙，梅聖愈，蘇軾等常會飲，吟詩手湖泮，美其名曰「會老堂」。公家藏書一萬卷，輯古錄一千卷，琴一張，酒一壺，棋一局，公于其間故自曰「六一居士」。公居潁一年而薨，享年六十六歲，噩耗至京，皇上震驚，隨罷市三日，贈太師，謚號文忠，天下學士聞之，無不涕淚滂沱。公前後歷七郡，廉政愛民。滁、揚二州之民立祠四季祭祀。公之盛德感人之深，千萬世而不朽也。　敕葬新鄭縣西南二十五里辛

店鄉劉村（今歐陽寺村）贈田二千一百畝，建寺立廟，植柏築墳，千百年來，文人墨客，四時來遊者，絡繹不絕。

公初妻胥氏，即翰林學士偃之女也，逾年而卒。繼娶楊氏，系集賢院學士大雅之女，亦早逝，一子早夭。再娶薛氏，資政殿學士簡肅公奎之女也，進封歧國太夫人，男八人女三人。長子發字伯和，仕至承議郎，大理寺丞，賜進士出，光祿寺丞，賜五品服，又遷殿中丞，夫人吳氏，封壽安縣，輯有「歐陽文忠公文集」四卷。一子憲，居密邑、新鄭、沈邱、頂城、南召之歐陽氏者，皆系發之後裔。次子奕字仲純，仕至光祿寺丞，生三子：愻、愬、恕，今居湖南平江縣低坪，南江橋，瀏陽縣北鄉，湖陰縣青獅橋、江西宜春萍鄉、萬載白水山灣等處，姓歐陽者多系奕公之裔孫。棐係公之三子，字叔弼，進士出身，仕至朝奉大夫，生二子，志、愿、譜載今蘇北蕭縣，沛縣皆有歐陽大族聚居，湖在一百世時，安公克定，任蕭縣教諭，因定居蕭，安公享壽九十有大，葬城西南五里岱口，生六子：股、肱、耳、目、心、膂。公之幼子辨字季默，仕至承議郎、一子懋，今居襄邑，系四門之後也，此四字俱從葬于文忠公塋墓旁，其餘四子早夭，女嫁詳于譜。

爲祭掃祖塋，明耀，在一九九〇年八月卅一日特遣我與玉福專程赴新鄭祭奠先祖　文忠公墓祠。九月二日到達，據守塋玉芝、星魁老人談：原公之塋、墳墓祠堂、家廟墻垣整齊，院內數十碑碣聳立，石人，石馬，石羊，石吼，木牌，旗幟，老瓜扇，銅鑼，錦傘。拜殿：內閃屏，外褶堂，暖閣龍盤，條几供桌，先祖牌位「敕封宋太師歐陽文忠公之位」。塋地植松九百餘株，無風亦是松濤陣陣，故有歐墳煙雨」勝景之稱，因此在每年舊曆十月初十日那天，是祭祀先祖文公之盛會，四方來朝者，人山人海，聚會于此。

嗟呼！時勢更易，公之墳塋，祠堂，寺院經歷一九四九以來，社會改革動亂，加之一九六六年至一九七六年，文化革命的十年浩劫，紅衛兵「造反有理」，除舊立新，削墳平墳，掘墓砸碑，凡舊有之物，均屬四舊，一概破除，已故八百多年的先祖父文忠公，亦難逃脫此難。墻垣拆除，所有設施，毀之一空，廟祠破爛不堪，幾乎成爲廢墟，現僅存山門三間，東西配殿各三間，祭殿三間。公塋西南約半里許，有公之祖母李太夫人之墓，墻垣破損，僅存拜殿三間。東壤鄰院是寺，日前被學校佔用，廟宇改建。

黨的十一屆三中全會後，社會工作一系列改革，腦海清除余悸，斬斷桎梏枷索，海峽兩岸開放，公之三十二世孫，莘耕禮，自台灣偕夫人專程回大陸。至新鄭祭祀先祖文忠公祠墓。于一九九〇年九月一日上午，在河南省政府，政協，新鄭縣政府，政協負責人的陪同下，禮先生拜謁文忠公墓，面付永乾五百美金作祭祀之禮，新鄭縣人民政府、政協新鄭縣委員會，在公祠院中重樹石碑一座，面書：「宋太師歐陽文忠公之墓」。碑陰重刻蘇文定公轍所撰神道碑文（詳于譜，文後另書一段文字：「歐陽修墓祠，歷經滄桑，屢經損壞，爲銘記一代文宗，弘揚民族文化，今復刻此碑，以勵後人」。

新鄭縣人民政府，政協新鄭縣委員會

公元一九九〇年五月立

新鄭縣人民政府，政協新鄭縣委員會，又撥款修築了公之墳墓，植松柏四棵，致使我先祖文忠公墓塋重現光彩，又重申：距公墳祠六十未以內不許起土和種莊稼。俟后立石建院，裔孫護理墳塋盡職盡責，異姓，宗親皆不許侵占，否則告發深究處治。

我先祖文忠，以及歐陽氏之宗親亦感恩無涯！遂爲敘識。（此次續譜，因時間倉促，經費不足，有些近親，未能全部續入，敬請諒解）。　裔孫　明智光敬書

公元一九九〇年十月十六日

二十、江蘇省揚州市「揚州天下」「杯」「千年歐陽脩」徵文大賽

揚州日報　二〇〇七年六月廿四日載

主　　辦：人民文學雜誌社，中共揚州市委宣傳部

獨家網絡支持：新浪網

承　　辦：揚州日報社

徵文主題：道德文章　入世精神　人文山水　和諧社會

來稿請寄：

1. 北京東土城路二十五號人民文學雜誌社編輯部（郵編：一〇〇〇一三）
2. 揚州文滙東路二三一號新聞大樓揚州日報社（郵編：二二五〇〇九）

獎項設置：

設一等獎一名，二等獎三名，三等獎六名，優秀獎二十名，一等獎獎金五〇〇〇元，二等獎獎金二〇〇〇元，三等獎獎金一〇〇〇元，優秀獎獎金五〇〇元

投稿時間自即日至七月二十日